ARBEITSGEMEINSCHAFT FÜR FORSCHUNG
DES LANDES NORDRHEIN-WESTFALEN

GEISTESWISSENSCHAFTEN

59. Sitzung
am 26. November 1958
in Düsseldorf

ARBEITSGEMEINSCHAFT FÜR FORSCHUNG
DES LANDES NORDRHEIN-WESTFALEN

GEISTESWISSENSCHAFTEN

HEFT 83

*Alexander Knur*

# Probleme der Zugewinngemeinschaft

WESTDEUTSCHER VERLAG · KÖLN UND OPLADEN

ISBN 978-3-663-00942-9 ISBN 978-3-663-02855-0 (eBook)
DOI 10.1007/978-3-663-02855-0



Reprint of the original edition 1959

Gesamtherstellung: Westdeutscher Verlag

# Probleme der Zugewinngemeinschaft

Professor Dr. jur. *Alexander Knur*, Bad Godesberg

## *I. Die gesetzliche Regelung*

Das Gleichberechtigungsgesetz vom 18. Juni 1957 (BGBl. I 609), das zwar schon am 21. Juni 1957 verkündet worden, aber erst am 1. Juli 1958 in Kraft getreten ist, enthält ehegüterrechtliche Vorschriften, die wesentlich vom bisherigen Recht abweichen. Für Eheleute, die zur Zeit des Inkrafttretens des Gesetzes im gesetzlichen Güterstand des deutschen Rechts lebten, gilt in der Regel der Güterstand der Zugewinngemeinschaft. Zu diesen Eheleuten gehören grundsätzlich alle Eheleute deutscher Staatsangehörigkeit, die nach der Verkündung des Gesetzes (21. 6. 1957) geheiratet und bis zum Inkrafttreten des Gesetzes keinen Ehevertrag abgeschlossen haben, durch den der neue gesetzliche Güterstand ausgeschlossen wird, sowie alle Eheleute deutscher Staatsangehörigkeit, die in der Zeit bis zur Verkündung des Gesetzes geheiratet und vor seinem Inkrafttreten nichts anderes vereinbart haben, es sei denn, daß einer von ihnen vor dem 1. Juli 1958 in der vom Gesetz vorgeschriebenen Form dem zuständigen Amtsgericht gegenüber erklärt hat, daß für die Ehe Gütertrennung gelten soll [1].

Dem Güterstand der Zugewinngemeinschaft liegt das Prinzip der Gütertrennung mit getrennter Vermögensverwaltung zugrunde. Jeder Ehegatte bleibt Eigentümer seiner Vermögensgegenstände, gleichviel wann er sie erworben hat. Er verwaltet sein Vermögen auch selbständig. Allerdings ist jeder Ehegatte einigen, zum Teil recht weitgehenden Beschränkungen unterworfen. Diese betreffen seine Verpflichtungsfähigkeit ebenso wie seine Verfügungsfähigkeit. So kann sich jeder Ehegatte nur mit Einwilligung des anderen verpflichten, über sein Vermögen im ganzen zu verfügen (§ 1365 Abs. 1). Das kann bei Übergabeverträgen und Geschäftsveräußerungen, sogar bei Gesellschaftsgründungen [2] in Betracht kommen. Eine ganz ähnliche

[1] Vgl. Art. 8 GleichberG.

[2] Vgl. dazu *Tiedau*, MDR, 1958, 378 ff. und *Boesebeck*, Der Betrieb 1958, 1147 ff.

Regelung enthält das Gesetz bezüglich der Verfügung über „Gegenstände des ehelichen Haushalts“, sowohl für die Veräußerung einschließlich der Sicherungsübereignung als auch für die Belastung, z. B. die Verpfändung (§ 1369 Abs. 1). In beiden Fällen kann die Zustimmung des anderen Ehegatten allerdings unter bestimmten Voraussetzungen durch das Vormundschaftsgericht ersetzt werden. Auch ist für Verträge dieser Art ein Schwebezustand vorgesehen, der eine Genehmigung des anderen Ehegatten zuläßt, den aber auch der Dritte durch Widerruf des Geschäfts – dies allerdings nicht unter allen Umständen – oder durch die Aufforderung an den vertragschließenden Ehegatten, die Genehmigung des anderen Ehegatten zu beschaffen, beenden kann.

Die Kernbestimmungen des neuen gesetzlichen Güterstandes sind in den §§ 1371 ff. BGB n. F. enthalten. Sie schreiben den sogenannten Zugewinnausgleich bei der Beendigung des Güterstandes vor. Wird die Ehe durch Richterspruch gelöst, wird sie insbesondere geschieden, so kommt es zu einem Geldausgleich. Bei Eheauflösung durch den Tod eines Ehegatten findet der Geldausgleich nur ausnahmsweise statt; in der Regel wird hier der Ausgleich über das Erbrecht verwirklicht.

Mit dem Ausgleich in Geld befassen sich die §§ 1372 ff. Der Zugewinn wird errechnet durch einen Vergleich des Anfangsvermögens mit dem Endvermögen eines jeden Ehegatten. Praktisch müssen also zwei Bilanzen, eine auf den Tag des Eintritts des Güterstandes und eine auf den Tag der Beendigung für das Vermögen eines jeden Ehegatten aufgestellt werden. Diese Bilanzen erfahren allerdings durch Zu- und Abrechnung einige Modifikationen. So werden in der Anfangsbilanz die Verbindlichkeiten nur bis zur Höhe des Aktivvermögens abgezogen, ein „passives Anfangsvermögen“ ist also ausgeschlossen. Hinzugerechnet werden dem Anfangsvermögen gewöhnlich Erwerbe von Todes wegen, aus Schenkungen oder Ausstattungen, sowie Erwerbe, die mit Rücksicht auf ein künftiges Erbrecht erfolgt sind. In der Endbilanz wird der Betrag aktiviert, um den sich das Vermögen durch gewisse unentgeltliche Zuwendungen, infolge von Verschwendung oder absichtlichen Benachteiligungshandlungen verringert hat. Der Bewertung der Aktiven und Passiven sind die Verhältnisse der betreffenden Stichtage – Eintritt und Ende des Güterstandes – zugrundezulegen. Dies bedeutet aber auch, daß die Werterhöhung eines in die Ehe eingebrachten Gegenstandes schon zu Zugewinn führen kann. Die Ausgleichsforderung wird sodann durch einen Vergleich der Zugewinne ermittelt, die jeder der beiden Ehegatten nach seiner Bilanz erzielt hat; für den Ehegatten, der den geringeren Zugewinn aufzuweisen hat, wird die Hälfte des Überschusses der beiden Zugewinne zur Ausgleichsforderung. Auf die Ausgleichsforderung wird endlich angerechnet, was dem berechtigten Ehegatten von dem anderen mit der Bestimmung zugewendet ist, daß es auf die Ausgleichsforderung angerechnet werden soll.

Über die Grundsätze, nach denen die Bewertung des Anfangs- und des Endvermögens im einzelnen zu erfolgen hat, enthält das Gesetz keine nähere Bestimmung, abgesehen von der Ausnahmevorschrift des § 1376 Abs. 4 für land- und forstwirtschaftliche Betriebe, bei denen der Ertragswert für maßgeblich erklärt wird. Im übrigen, d. h. in aller Regel, ist daher vom vollen Wert der einzelnen Vermögensgegenstände auszugehen. Handelt es sich z. B. um ein Einzelunternehmen, so müssen die stillen Rücklagen aufgelöst und auch der goodwill berücksichtigt werden. Dasselbe gilt grundsätzlich auch für Beteiligungen an Personengesellschaften.

Die Ausgleichsforderung entsteht bei Beendigung des Güterstandes und ist erst von diesem Zeitpunkt an vererblich und übertragbar. Sie verjährt in drei Jahren, beginnend mit der Kenntnisnahme vom Ende des Güterstandes, spätestens aber in 30 Jahren.

Für den Fall, daß die Ehe durch den Tod aufgelöst wird, sieht das Gleichberechtigungsgesetz, wie schon erwähnt, grundsätzlich den Zugewinnausgleich nicht in Geld, sondern über das Erbrecht vor. Nach § 1371 Abs. 1 erhöht sich der gesetzliche Erbteil des überlebenden Ehegatten um 1/4 der Erbschaft, und zwar ohne Rücksicht darauf, ob ein Zugewinn erzielt ist oder nicht. Ein im neuen gesetzlichen Güterstand lebender Ehegatte beerbt infolgedessen seinen Ehepartner neben Abkömmlingen zur Hälfte, neben Eltern und deren Abkömmlingen sowie neben Großeltern zu 3/4. Unter Umständen ist er allerdings mit der Verpflichtung belastet, Abkömmlingen des verstorbenen Ehegatten, welche nicht aus der durch den Tod dieses Ehegatten aufgelösten Ehe stammen, die Mittel zu einer angemessenen Ausbildung aus dem als Ersatz für den Zugewinnausgleich gewährten 1/4 Erbteil zu gewähren (§ 1371 Abs. 4)[3].

Die Vorschriften in § 1371 greifen nun nicht in die Testierfreiheit ein. Jeder Ehegatte kann z. B. in einer Verfügung von Todes wegen andere Personen als Erben einsetzen und das Recht vorehelicher Abkömmlinge aus § 1371 Abs. 4 ausschließen. Auch kann der überlebende Ehegatte auf sein Erbrecht verzichten oder die Erbschaft ausschlagen. Für den Fall, daß der

[3] Vgl. hierzu *Rittner*, DNotZ 1957, 483 ff.

überlebende Ehegatte nicht Erbe wird und ihm auch kein Vermächtnis zusteht, tritt aber der Zugewinnausgleich wieder auf den Plan: der Ehegatte kann, wie in den anderen Fällen der Eheauflösung, seinen Anteil am Zugewinn verlangen. Hier wird ein eigenartiges Zusammenspiel erbrechtlicher und ehegüterrechtlicher Bestimmungen sichtbar. Beabsichtigt ein im gesetzlichen Güterstand lebender Ehemann sein Vermögen von Todes wegen allein seinen Kindern zukommen zu lassen, weil diese etwa einer Existenzgrundlage eher bedürfen als die anderweitig versorgte Ehefrau oder weil das Vermögen im wesentlichen aus einem Unternehmen besteht und dieses von den Kindern fortgeführt werden soll, so muß er erwägen, ob nicht die Zugewinn- und Pflichtteilsansprüche der Frau die Kinder in Bedrängnis und das Unternehmen in Not bringen können. Angenommen, nur der Mann habe Vermögen und dieses bestehe nur aus Zugewinn, so steht der Frau, wenn sie nicht Erbe wird und auch kein Vermächtnis erhält und deshalb den Zugewinnausgleichsanspruch geltend macht, einmal die Hälfte des Vermögens in Geld zu, daneben als Pflichtteil $1/8$ des Wertes des um die Ausgleichsforderung gekürzten Nachlasses, insgesamt also 56,25 v. H. des Nachlasses. Hat der Ehemann jedoch keinen Zugewinn erzielt, so braucht er schlimmstenfalls den erhöhten Pflichtteilsanspruch seiner Frau, der sich auf $1/4$ des Nachlaßwertes beziffert, in Rechnung zu stellen. Gleiches gilt sogar noch dann, wenn das Vermögen zu 28 v. H. aus ausgleichspflichtigem Zugewinn besteht, weil in diesem Fall Zugewinnausgleichsanspruch und Pflichtteilsanspruch den nach dem Gleichberechtigungsgesetz sich ergebenden Pflichtteil nicht übersteigen.

## *II. Zur Kritik des Gesetzgebungswerks unter besonderer Berücksichtigung der Aufgabe des Gesetzgebers*

Diese ganz grobe Darstellung des neuen Güterrechts mag vorab genügen [4]. Es wird sich noch ausreichend Gelegenheit bieten, auf Einzelfragen einzugehen. Vor Erörterung von Einzelproblemen dürfte es notwendig sein, auf die Kritik einzugehen, die die ehegüterrechtlichen Vorschriften des Gleichberechtigungsgesetzes nach seiner Verkündung erfahren haben. Denn diese Kritik ist so massiv vorgetragen worden, daß z. B. bei Rechtsanwälten und Notaren, bei Wirtschaftsprüfern und Steuerberatern die Meinung aufgekommen ist, man müsse die neue Regelung grundsätzlich ablehnen und

[4] Eingehender habe ich mich in DNotZ 1957, 451 ff. geäußert.

allenthalben dazu raten, die reine Gütertrennung herbeizuführen oder aber eine modifizierte allgemeine Gütergemeinschaft zu vereinbaren[5].

An allen Angriffen, wie sie vor allem von Braga[6], Heinrich Lange[7], Bärmann[8], Kurt Ulmer[9], Bartholomeyczik[10] und Beitzke[11] gegen die Neuregelung des ehelichen Güterrechts geführt worden sind, ist zweierlei besonders bemerkenswert: einmal sind die Gegner des neuen Güterrechts, soweit sie sich nicht überhaupt auf die Kritik beschränken, miteinander keineswegs in der Frage einig, welche Art des Güterstandes der jetzigen Regelung vorzuziehen gewesen wäre; so lehnen Bärmann[12] und Kurt Ulmer[13] die Zugewinngemeinschaft schlechthin ab und befürworten – mehr oder weniger ausdrücklich – die Errungenschaftsgemeinschaft als gesetzlichen Güterstand, während andere, z. B. Braga, Lange und Beitzke sich im wesentlichen nur gegen die „erbrechtliche Lösung" wenden, also gegen die Modifizierung, die der Regierungsentwurf im Familienrechtsausschuß des Bundestages erhalten hat.

Wenn ich zu den Angriffen, die gegen das neue Recht vorgetragen worden sind, Stellung nehme, so kommt es mir nicht darauf an, die erhobenen Einwendungen Punkt für Punkt zu widerlegen, um so weniger, als in der Tat auch mir manches nicht ganz gelungen erscheint. Ich will vielmehr versuchen, in systematischer Weise den Gedankengängen des Gesetzgebers die Argumentationen seiner Kritiker entgegenzustellen, um auf diese Weise zu zeigen, auf welcher Ebene jeweils die Kritik einsetzt und welche Tragweite ihr Vorbringen im einzelnen hat. Nur so kann man m. E. zu einem gerechten Urteil über die Leistung des Gesetzgebers gelangen, nicht aber, indem man sich dieses oder jenes als Gegenstand der Beschwerde aus dem Zusammenhang herausnimmt und zur Strecke zu bringen versucht.

Ausgangspunkt einer jeden Gesetzeskritik muß die Aufgabe sein, die dem Gesetzgeber gestellt war. Gewöhnlich geht sie, wie Schmidt-Rimpler es einmal formuliert hat, ganz generell dahin, „die Gerechtigkeitsidee in inhaltserfüllten bedingten Grundsätzen zu konkretisieren"[14]. In unserem Fall aber

[5] Vgl. z. B. *Tiedau*, MDR 1958, 381 ff.
[6] FamRZ 1957, 334 ff.
[7] NJW 1957, 1381 ff.
[8] JZ 1958, 225 ff., AcP 157 (1958), 145 ff.
[9] NJW 1958, 170 ff., FamRZ 1958, 113 ff.
[10] *Erman-Bartholomeyczik*, Gleichberechtigungsgesetz, 1958, § 1931, Anm. 2, 4 und 5.
[11] Familienrecht, 6. Aufl., 1958, S. 67 ff.
[12] AcP 157 (1958), 148, 152, 211.
[13] FamRZ 1958, 113.
[14] *Schmidt-Rimpler*, Zur Gesetzgebungstechnik, Festschrift für *Hedemann*, 1938, S. 77.

handelte der Gesetzgeber auf einen Auftrag der Verfassung hin, nämlich, wie es ja auch in der Gesetzesüberschrift zum Ausdruck kommt, das überkommene bürgerliche „Recht alsbald an den Grundsatz der Gleichberechtigung anzupassen“ [15]. Man mag zwar darüber streiten, ob es tunlich ist, sich an ein derartiges Gesetzgebungswerk „mit begrenztem Ziel“ zu wagen, und auch die Beratungen des Familienrechtsausschusses des Bundestages haben immer wieder gezeigt, wie schwer es ist, eine so bestimmte Grenze einzuhalten [16]. Festzuhalten bleibt aber, daß das Gleichberechtigungsgesetz von Anfang an nur als Teilreform gedacht war und nur so zu verstehen und zu würdigen ist [17].

Diese Beschränkung des gesetzgeberischen Vorhabens führt zwangsläufig zu Diskrepanzen und Dissonanzen zwischen dem neuen und dem unverändert geltenden Recht. Aber da – und wohl aus guten Gründen – nur Stückwerk beabsichtigt war, kann man dem Gesetzgeber nicht vorwerfen, er habe die neuen Regeln nicht in das System eingefügt oder das System ihnen nicht angepaßt. So war es z. B., wollte man eben nicht noch eine Erbrechtsreform „miterledigen“, unvermeidlich, daß sich an den zahllosen Nahtstellen zwischen Ehegüterrecht und Erbrecht nunmehr Schwierigkeiten und auch unbefriedigende Lösungen ergeben. Das übersieht insbesondere Lange bei manchen kritischen Bemerkungen [18], besonders auch bei seinen Vorschlägen zur Gesetzesänderung [19].

Das Gleichberechtigungsgesetz überläßt es grundsätzlich den Eheleuten, sich über ihre güterrechtlichen Verhältnisse zu verständigen (in einem Ehevertrag, dessen Inhalt mehr oder weniger durch Typenzwang bestimmt ist) und statuiert für die anderen Fälle einen subsidiären „gesetzlichen Güterstand“ (dispositives Ehegüterrecht mit gesetzlichem Güterstand).

Der Gesetzgeber hat damit nicht nur die Tradition des deutschen Rechts fortgesetzt, sondern sich auch dem Vorbild fast aller modernen Rechtsord-

[15] So der Generalbericht des Abg. Dr. *Weber* (Koblenz) zur Bundestagsdrucksache 3409, 2. Wahlperiode; ähnlich Begr. zum Reg.-Entw. in der Vorbem. sowie *Maßfeller-Reinicke*, Beilage zum BAnz Nr. 154 vom 10. 8. 1956, S. 3.

[16] Über die Gründe für diese Beschränkung vgl. st. a. Begr. zum Reg.-Entw., a. a. O.

[17] Vgl. dazu auch *Bosch*, FamRZ 1957, 190 ff., der von dem Gleichberechtigungsgesetz als einer „Teil-Novelle“ spricht und besonders auf die Schwierigkeiten hinweist, die sich daraus ergeben, daß das Gesetz etliche Bestimmungen nicht erwähnt, die bisher unter dem Aspekt des Art. 3 GG betrachtet worden sind.

[18] Vgl. z. B. a. a. O., S. 1382, insbesondere zu Anm. 16 und Anm. 16, auch Anm. 26 und zu Anm. 26 und passim.

[19] A. a. O., S. 1387.

nungen angeschlossen[20]. Der tiefere Grund für diese Entscheidung – die übrigens während der parlamentarischen und außerparlamentarischen Diskussion kaum jemals in Zweifel gezogen wurde – liegt darin, daß allein die Vertragsfreiheit geeignet ist, auf dem Gebiete des Ehegüterrechts in concreto richtige, sachgerechte Gestaltungen herbeizuführen, daß ein gesetzliches Güterrecht ohne Vertragsfreiheit „als eine schwere Bedrückung empfunden werden"[21] und es auch in seiner Starrheit sein würde, daß es andererseits ebenso unrichtig wäre, die Regelung des Einzelfalles einer Rechtsgestaltung durch den Richter zu überlassen. Angesichts der so durchaus verschiedenen, sich in unübersehbarer Vielfalt darstellenden persönlichen Verhältnisse und Vermögenslagen der Ehegatten sowie der (Klein- und Groß-) Familie kann einfach kein Gesetzgeber ein Güterrechtssystem erarbeiten, das in allen Fällen oder auch nur in ihrer Mehrzahl zu befriedigenden Ergebnissen führt. Er darf sich auch nicht etwa damit beruhigen, daß die von ihm gefundene Regelung sich für die typischen Verhältnisse, im Normalfall, als richtig erweisen wird[22]. Er muß vielmehr den Ehegatten genügend Raum geben, damit sie „in praktisch zweckmäßiger Weise einen ihren bisherigen Gewohnheiten und Bedürfnissen entsprechenden Zustand herstellen" können[23]. Wohl scheint es so, als ob der Gesetzgeber damit die Verantwortung auf die Ehegatten ablädt, aber wo bleiben Freiheit der Person und Menschenwürde, wenn er sie – und dann konsequent überhaupt jeden Rechtsgenossen – durch ein mehr oder weniger geschlossenes System zwingenden Rechts bevormunden und zu ihrem vermeintlichen Glück zwingen würde, von der Unangemessenheit der Ergebnisse im Einzelfall ganz zu schweigen. Allerdings wird niemals Freiheit gegeben, ohne daß der Träger der Freiheit Verantwortung auf sich nimmt. Der Gesetzgeber, der den Parteien Vertragsfreiheit gibt, kann und muß von ihnen erwarten, daß sie sich selbst darum bemühen, stets dann eine ihren Verhältnissen angemessene Regelung zu finden, wenn die gesetzliche Normierung sich als nicht passend erweist. Haben

[20] Vgl. *Kaden*, Art. 8 „Ehevertrag", RvglHWB II 733 ff.; *Kipp-Wolff*, Familienrecht, 7. Aufl., 1931, § 41 III; Ausnahmen sind das Ehegüterrecht der UdSSR, vgl. *Batus*, Sowjetisches Zivilrecht, deutsche Übersetzung, Bd. II, 1953, S. 464: Errungenschaftsgemeinschaft zwingenden Rechts; ähnlich wohl auch der Entwurf eines Familiengesetzbuches der DDR (§§ 17 ff.) sowie das mexikanische Gesetz von 1917 (Gütertrennung), vgl. schließlich Mot. IV, 142: „Das Prinzip der Vertragsfreiheit ist für das eheliche Güterrecht in Deutschland von jeher allgemein anerkannt worden."

[21] So Mot., a. a. O.

[22] Vgl. dazu auch *Schmidt-Rimpler*, a. a. O., S. 79.

[23] Mot., a. a. O.

die Parteien nichts vereinbart, so muß das so angesehen werden, daß sie entweder mit der gesetzlichen Regelung einverstanden sind (weil sie sie für konkret richtig erachtet haben) oder daß sie ihrer Verantwortung nicht nachgekommen sind; im letzteren Falle aber muß es auch bei den gesetzlichen Vorschriften bleiben und zwar nicht nur, weil sonst Rechtsunsicherheit die Folge wäre, sondern auch, weil die gesetzliche Regelung von einem besonderen Ordnungswert ist, da sie wenigstens für den typischen Fall eine richtige Regelung enthält.

Diese Zwangslage des Gesetzgebers übersehen, wie mir scheint, manche seiner Kritiker, wenn sie an extremen Beispielen darzutun versuchen, wie schlecht doch das Gleichberechtigungsgesetz sei. So bringt etwa Braga den – von ihm selbst als „besonders krassen" bezeichneten – Fall, daß „der vermögende und nicht mehr junge Mann seine Sekretärin geheiratet (hat und) auf der Hochzeitsreise..... die Ehegatten einen Verkehrsunfall mit tödlichem Ausgang (erleiden, bei dem) die Frau.... wenige Stunden nach ihrem Mann (stirbt)" [23], daß dann nach der neuen Regelung etwa die Geschwister der Frau den Voraus und 3/4 der restlichen Erbschaft, die Verwandten des Mannes hingegen nur 1/4 des nach Abzug des Voraus verbleibenden Nachlasses erhalten, also „beinahe das ganze Vermögen in den Besitz einer fremden Familie übergeht". Dies veranlaßt Braga zu leidenschaftlichen Attacken gegen die neue „dura lex" [24]. Aber ist es von dem Ehemann in einem derartigen Fall nicht einfach verantwortungslos gehandelt, wenn er es bei der gesetzlichen Regelung beläßt, obwohl er eine andere Gestaltung für richtig erachtet? Und schließlich muß Braga ja selbst zugeben, daß schon nach der wohl von ihm durchaus für billigenswert gehaltenen Bestimmung des § 1931 Abs. 1 BGB a. F. der Voraus und die Hälfte der restlichen Erbschaft in die fremde Familie hinüberwandern würden. Ähnlich wie Braga verfährt auch Lange, um die Mangelhaftigkeit des neuen Rechts anzuprangern, so z. B. in seinem Musterfall, daß „der kinderlose, jung verheiratete Sohn das Familienunternehmen übernommen (hat) und ...... bei einem Kraftwagenunfall tödlich verunglückt", so daß, da irgendwelche Vorkehrungen rechtsgeschäftlicher Art natürlich wieder unterblieben sind, „drei Viertel der Erbschaft und der gesamte Voraus und damit praktisch das ganze Unternehmen an seine Witwe" fallen [25]. Gegen einen solchen Leichtsinn,

[23] A. a. O., S. 335.

[24] A. a. O.

[25] A. a. O., S. 1386; in seinem Kurzlehrbuch, BGB, Allgemeiner Teil, 3. Aufl., 1956, S. 43 sagt *Lange* aber selbst: „Stets verlangt die Rechtssicherheit allgemeine, einfache und

blind dem Gesetz zu vertrauen, vermag dem Erblasser niemand zu helfen, außer dieser selbst. Ich möchte Braga fragen, welchen Güterstand er vorschlagen würde, von dem sich nicht von seinem Standpunkt aus bestenfalls sagen ließe, er passe wohl auf „80 v. H. der zu erwartenden Fälle“, überließe aber „die übrigen 20 v. H. Fälle, bei denen die Lösung nicht ‚paßt‘ und somit ungerecht ist, .... unter Hinweis auf die Mehrheit ihrem bedauernswerten Schicksal“ [26].

Eine Kritik von solchen Standpunkten aus muß unfruchtbar bleiben, weil sie das verkennt, was Gustav Boehmer in anderem Zusammenhang Eugen Ehrlich entgegengehalten hat, „daß nämlich auf weiten Gebieten des sozialen Lebens das gesetzte Regelrecht gar nicht mit dem Anspruch auftritt, unbedingt befolgt zu werden, sondern tatsächlich nur ein ‚Lebensplan‘, ein ‚Vorschlag‘ und ‚Ratschlag‘ ist, dem man folgen kann, aber nicht zu folgen braucht“ [27]. Insoweit will das Recht „nur in Ermangelung einer rechtsgeschäftlichen Regelung wirken oder eine unvollständige rechtsgeschäftliche Bestimmung ergänzen“, wie v. Tuhr sagt und hinzufügt [28]: „wer Vermögen hinterläßt, weiß, daß das Gesetz eine Verteilung des Nachlasses angeordnet hat und braucht, wenn er mit dieser Verteilung einverstanden ist, nicht zu disponieren“.

Eine große Aufgabe stellt freilich eine derartige Regelung stets den Juristen: der Laienwelt klar zu machen, daß sie sich um die Regelung ihrer ehegüterrechtlichen (und erbrechtlichen) Verhältnisse zu kümmern hat, und sie dabei zu beraten [29].

Da also die Freiheit erhalten bleibt, durch Ehevertrag und durch Verfügung von Todes wegen individuell passende Regelungen zu treffen, bestand die Aufgabe des Gesetzgebers, was den gesetzlichen Güterstand betrifft, nur darin, ein Gestaltung zu treffen, die in möglichst vielen Fällen den Bedürfnissen der Eheleute und den übrigen Verhältnissen sowie auch den grundsätzlichen Wertgesichtspunkten unserer Rechtsordnung gerecht

klare Rechtssätze auf Kosten der Besonderheit des einzelnen Falles; und bezeichnet das dispositive Recht ausdrücklich als eine bloße „Vorschlagsregelung“ (a. a. O., S. 46).

[26] So *Braga* in seiner Anklage gegen den neuen gesetzlichen Güterstand, a. a. O., S. 335.

[27] Grundlagen der Bürgerlichen Rechtsordnung, Bd. II, 1 1951, S. 164.

[28] Der Allgemeine Teil des Deutschen Bürgerlichen Rechts, I. Bd., 1910, S. 25; vgl. auch Enneccerus-Nipperdey, Allgemeiner Teil des bürgerlichen Rechts, 14. Aufl., I. Bd., 1952, § 49 III mit weiteren Nachweisen.

[29] Vgl. auch *Rosenstock*, Vom Industrierecht, 1926, S. 143: der Gesetzgeber hätte den Ehevertrag erzwingen müssen, wenn derzeit die Gütertrennung „mit Recht“ als gesetzlicher Güterstand gefordert werde, um damit „indirekt die ausdrückliche Regelung des ehelichen Güterrechts durch das besondere Zusammenwirken der Ehegatten sicherzustellen“.

wird. Die Orientierung an dem typischen Fall ist vornehmlich darin begründet, daß man auf diese Weise in größtmöglichem Umfange den Beteiligten rechtsgeschäftliche Regelungen erspart, da sie insoweit ja mit der gesetzlichen Regelung vielfach einverstanden sein werden; auch besteht die Vermutung dafür, daß eine solche Orientierung in den unbedachten Fällen die größte Aussicht hat, zu angemessenen Ergebnissen zu führen.

In erster Linie kam es also darauf an, daß der Gesetzgeber – hier zitiere ich wiederum Schmidt-Rimpler – „eine volle Anschauung von dem menschlichen Zusammenleben, das er bewerten (wollte, gewann)" [30], um daraus die „typischen Lebenssachverhalte" [31] herauszuschälen, für welche die von ihm zu schaffende (dispositive) Normierung überhaupt nur gedacht sein konnte. Das ist geschehen, wie jeder Blick in die parlamentarische und außerparlamentarische Entstehungsgeschichte zeigt. Sicher hätte man noch eine besondere statistische Untersuchung veranstalten können, die Braga vermißt [32], aber die vorliegenden statistischen Veröffentlichungen, insbesondere das Statistische Jahrbuch, boten genügende Grundlagen tatsächlicher Art.

Aus diesem Material und der allgemeinen Lebenserfahrung ergab sich für die Reform des Ehegüterrechts folgendes Bild:

1. Der gesetzliche Güterstand kommt nur für diejenigen Ehen in Betracht, in denen einerseits ein gewisses Vermögen vorhanden ist, – und das ist nur der kleinere Teil aller Ehen – und andererseits die Vermögensverhältnisse nicht so gelagert sind, daß sie ohnehin eine Regelung nach Maß erfordern, wie besonders wenn Unternehmen, Beteiligungen größeren Umfangs u. dgl. in Rede stehen. Es handelt sich also um Verhältnisse, in denen gar kein oder nur ein geringes Anfangsvermögen gegeben ist und der Zugewinn in mäßigen Grenzen bleibt. Alle anderen Fälle sind entweder mangels relevanten Vermögens völlig uninteressant oder sie lassen infolge ihrer Vielgestaltigkeit sich nicht in eine gesetzliche Regelung pressen.

2. Die Ehe wird typischerweise in einem Alter eingegangen, in welchem noch kein wesentliches Vermögen vorhanden ist [33]. Die höchste Heiratsquote lag 1955 bei den Männern in der Altersgruppe 24/25 Jahre, 1956 in der Altersgruppe 25/26 Jahre, bei den Frauen 1955 und 1956 in der Altersgruppe 21/22 Jahre; von den 435 516 Männern, die im Jahre 1955 geheiratet haben, standen 320 113 im Alter von nicht mehr als 30 Jahren.

[30] *Schmidt-Rimpler*, a. a. O., S. 82.

[31] *Müller-Freienfels*, a. a. O., S. 685.

[32] A. a. O., S. 335.

[33] Vgl. StatJB 1957, 54, 1958, 46 ff.

3. Die Ehe wird typischerweise durch den Tod[34] und dann in einem Zeitpunkt aufgelöst, in dem die Ehegatten ein beträchtliches Alter erreicht haben[35], in der Mehrzahl der Fälle durch den Tod des Mannes[36]. Von 289 211 Eheauflösungen im Jahre 1955 erfolgten 246 140 durch den Tod, 43 071 durch Urteil, wobei sich aus dem Vergleich zu den Vorjahren ergibt, daß der Anteil der letztgenannten Fälle seit dem Jahre 1948 stetig sinkt. Im Jahre 1955 verstarben 163 788 verheiratete Männer, 82 352 verheiratete Frauen.

4. Die Ehescheidung, aber auch die anderen Fälle der Eheauflösung unter Lebenden, erfolgt im allgemeinen nicht allzulange nach der Eheschließung, also wenn für gewöhnlich ein nennenswerter Zugewinn noch nicht erzielt ist. Erfahrungsgemäß liegt bei 35 % aller Ehescheidungen die Eheschließung nicht weiter als fünf Jahre zurück; mehr als 25 % entfallen auf die nächsten fünf Jahre.

5. In der Überzahl der Fälle ist sowohl die heiratende Frau als auch der heiratende Mann ledig, nur ausnahmsweise verwitwet oder geschieden[37]. Von den 450 889 im Jahre 1956 heiratenden Frauen waren 403 332 ledig, 15 263 verwitwet, 32 294 geschieden, bei den Männern lauten die Zahlen 388 367, 21 197 und 41 325 (die Gesamtzahl schließt Fälle unbekannten Familienstandes ein).

Der typische Fall für den gesetzlichen Güterstand ist somit derjenige, daß die Ehe in jungen Jahren geschlossen wird, nennenswertes Anfangsvermögen nicht vorhanden ist, vielmehr erst im Laufe der Ehe Vermögen erarbeitet wird und der Tod (des Mannes) die Ehe auflöst, ein Fall, von dem Braga behauptet, er sei eine „patriarchalische – um nicht zu sagen: naive – Vorstellung" des Gesetzgebers[38].

Sicher wäre es allerdings verfehlt gewesen, allein den statistischen Normalfall in allen seinen Punkten zum Leitbild des Gesetzes zu nehmen und mögliche Modifikationen schlechthin außerhalb der Betrachtung zu lassen. Vielmehr bedurfte es einer sorgfältigen Prüfung darüber, an welchen der einzelnen Punkte doch so häufig Abwandlungen auftreten, da sie – im Rahmen des Möglichen – zu berücksichtigen sind, und vor allem auch darüber, in welchem Umfange atypische Entwicklungen in einem sonst typischen Einzel-

[34] StatJB 1957, 56.
[35] Vgl. etwa StatJB 1957, 60.
[36] Vgl. StatJB 1957, 60
[37] StatJB 1957, 52; 1958, 47.
[38] A. a. O., S. 335.

fall nicht durch die Ehegatten richtig vorausberechnet werden können und deswegen regelungsbedürftig sind. Wenn man aber schon von vornherein – und mit Recht – alle die Fallgruppen ausscheidet, in denen weder Anfangsvermögen noch Zugewinn praktisch in Betracht kommt (und deswegen die Güterstandsregelung überhaupt ohne Bedeutung ist) oder wesentliches Anfangsvermögen vorhanden ist oder besonders erheblicher Zugewinn erwartet wird oder beides in Betracht kommt (und daher die Ehegatten auf den Ehevertrag und die Verfügung von Todes wegen verwiesen sind), dann erleichtert sich die Aufgabe noch weiter dadurch, daß die sonst möglichen Abweichungen von dem statistischen Normalfall ihrer Häufigkeit nach durchaus verschieden sind. So war z. B. sicher der Fall zu bedenken, daß eine Ehe noch nach langer Dauer (und nach Erzielung eines großen Zugewinns) durch Scheidung aufgelöst wird, ein Ehevertrag aber nicht geschlossen wurde, weil die Zugewinnerwartungen gering waren. Dagegen konnte man nötigenfalls den seltenen Fall unberücksichtigt lassen, daß nach einer langen Ehe die Frau den Mann beerbt, wieder heiratet und so etwa das Zugewinnvermögen den Kindern (und der Familie des Mannes) größtenteils entzieht. Der Gesetzgeber soll dabei also weder mögliche Besonderheiten ganz außer acht lassen noch kann er je das Ziel erreichen, auch nur für sämtliche möglichen Modifikationen des statistischen Normalfalles eine befriedigende Lösung sicherzustellen. Vor allem ist es das Güterrechtssystem, das er wählen und seiner Regelung zugrunde legen muß, welches es verwehrt, allen Eventualitäten Rechnung zu tragen.

Von den Güterrechtssystemen, die zur Auswahl standen, kam die Gütertrennung als solche nicht in Betracht, da nach durchaus herrschender Meinung sie nicht den Auftrag erfüllt hätte, den die Verfassung in Art. 3 GG enthält[39] und zwar deswegen, weil sie die – als Normalfall angesehene[40] – Nur-Hausfrau ganz oder teilweise um den Erwerb in der Ehe gebracht hätte. Gegen die Gütergemeinschaften der verschiedenen Art waren auch so gewichtige Bedenken vorgebracht worden, daß sie im Laufe der Beratungen nur noch wenige Befürworter fanden[41]. So kam es darauf an, unter Beibehaltung der prinzipiellen Gütertrennung den Ehegatten, in dessen Hand sich überhaupt kein oder ein geringerer Zugewinn gebildet hat (also gewöhn-

[39] Vgl. st. a. Bgr. zum Reg. Entw. zu Nr. 8–28, Gemeinsame Vorbemerkung unter III.

[40] Gegen diese Typisierung hat *Braga*, a. a. O., wie es scheint nichts einzuwenden, obschon sie von seinem Standpunkt aus ebenfalls zu groben Ungerechtigkeiten führen könnte.

[41] Vgl. st. a. Begr. zum Reg. Entw., a. a. O., unter I; insofern noch zweifelnd hinsichtlich des Ergebnisses der Reform: *Bosch*, a. a. O., S. 195, bes. im Hinblick auf §§ 1365, 1369 n. F.

lich die Frau) zu dem Zeitpunkt an dem Vermögen (genauer: dem Zugewinn) des anderen Ehegatten partizipieren zu lassen, in dem die Ehe aufgelöst wird[42].

Der Regierungsentwurf zog daraus den Schluß, in jedem Falle der Eheauflösung sei der Zugewinn auszugleichen, das Gesetz hingegen differenziert zwischen dem Falle des Todes und den Fällen anderweitiger Eheauflösung. Beiden Regelungen ist aber der Grundgedanke gemeinsam, daß derjenige Ehegatte, der in der Ehe allein oder überwiegend Vermögen erworben hat, dieses bei der Auflösung der Ehe nur zur Hälfte behalten soll, orientiert am typischen Fall der Nur-Hausfrau-Ehe. In dieser Entscheidung lag bereits das, was Lange damit bezeichnet, daß „die Großfamilie von der Kleinfamilie bis zur Wesenlosigkeit zurückgedrängt" wird und auch „die Kleinfamilie ... ins Wanken (gerät)"[43], um damit freilich nur darzutun, wie verfehlt die erbrechtliche Lösung sei. Denn die Zugewinngemeinschaft beruht in erster Linie auf dem Prinzip der Abrechnung zwischen den Ehegatten, ist wesentlich auf den Bereich der Eheleute beschränkt und nimmt wie die Errungenschaftsgemeinschaft weder auf die Klein- noch auf die Großfamilie sonderlich Rücksicht. Man mag es bedauern, daß das Gesetz sich nicht einer Entwicklung entgegengestellt hat, die jedem Einsichtigen Sorge bereitet[44], aber andererseits sollte doch bedacht werden, daß das Ehegüterrecht schwerlich geeignet gewesen wäre, das Rad zurückzudrehen und so die Gefahr viel näher gelegen hätte, daß es zu einem anachronistischen Gebilde geworden wäre. Die heutige Zeit ist nämlich nicht nur dadurch charakterisiert, daß die Großfamilie im Vergleich zu früher erheblich an Bedeutung verloren hat und auch die Kleinfamilie z. T. nicht mehr genügend Leben besitzt, sie hat

[42] In dem Verzicht auf eine dingliche Vermögensgemeinschaft sieht allerdings *Bärmann* einen „offenkundigen Widerspruch" zu dem „Gedanken der Familie als Einheit" (AcP, a. a. O., S. 147 f, 152; JZ a. a. O., S. 226). Er stellt in diesem Zusammenhang sogar die Frage der Verfassungsmäßigkeit im Hinblick auf Artikel 6 Abs. 1 GG (JZ a. a. O.). Dabei ist er jedoch den Beweis schuldig geblieben, wieso aus dem rechtspolitischen Prinzip des „Schutzes der Familie als soziologische Einheit", wie er es formuliert (AcP a. a. O., S. 149; JZ a. a. O., S. 225), das Postulat einer gänzlichen oder wenigstens einer partiellen Vermögensgemeinschaft der Ehegatten folgt. Was heißt überhaupt: Schutz der Familie als soziologische Einheit? Die Verpflichtung der Ehegatten zum Unterhalt der Familie (§ 1360), in der *Bärmann* eine „Protektion als soziologische Einheit" erblicken will (JZ a. a. O.), betrifft doch ganz andere Situationen und Probleme als die Frage der Vermögensgemeinschaft der Ehegatten.

[43] A. a. O., S. 1387.

[44] Vgl. aber auch *Lange* in der 2. Denkschrift des Erbrechtsausschusses der Akademie für Deutsches Recht, Die Ordnung der gesetzlichen Erbfolge, 1938, S. 7 „Die Kleinfamilie hat die Sippe im Laufe der Entwicklung mehr und mehr zurückgedrängt".

vielmehr ihr besonderes Merkmal darin, daß in breitesten Schichten der Bevölkerung ein Familienvermögen nicht mehr vorhanden ist und auch kaum Aussicht auf Wiedererstehung hat; diese Tatsache aber ist für das Ehegüterrecht von ausschlaggebender Bedeutung. Wenn man von den Fällen absieht, in denen die Dinge noch anders liegen – und in denen gerade deswegen der Ehevertrag und die Verfügung von Todes wegen eine große Rolle spielen und auch am Platze sind –, ist es doch heute so, daß das, was die Eheleute erarbeiten und nicht verbrauchen, zwei Zwecken dient: der Alterssicherung, insbesondere der Sicherstellung der nichtberufstätigen Witwe, und der Ausbildung der Kinder, wobei das letztere durchweg nur ein Sparen mit begrenztem Ziel ist.

Diese Feststellungen werden bestätigt, wenn man sich vergegenwärtigt, in welchem Umfange schon seit längerer Zeit die Eheleute zu dem sogenannten Berliner Testament greifen[45]. Gerade die Auffassung der Beteiligten in mittleren und kleinen Vermögensverhältnissen geht eben durchweg dahin, daß das Interesse der Eltern, sich gegenseitig gut versorgt zu wissen, im Vordergrund steht, zumal die Kinder ja das ihnen Zukommende im wesentlichen schon in Gestalt ihrer Ausbildung erhalten haben und sich danach allein weiterhelfen können und sollen. Daher geht Lange zu weit, wenn er von „dem Grundgedanken des deutschen Rechts" spricht, nach dem „das Gut, soweit möglich, nach unten abfließen soll und bei bekindeter Ehe die Eltern hinter den Interessen der Kinder zurücktreten wollen und sollen"[46]. Im übrigen bleibt immer zu bedenken, daß der Erblasser ja durch Verfügung von Todes wegen andere Regelungen treffen, so etwa ein besonders versorgungsbedürftiges Kind bevorzugen kann.

Dagegen läßt sich allenfalls einwenden, daß die Frau ja heute vielfach bereits auf andere Weise für ihr Alter und ihre Witwenschaft gesichert ist, nämlich durch Pension, Witwenrente, Sozialversicherung usw. Auf dieses Problem, das die materielle Ausgeglichenheit bei der Zugewinngemeinschaft generell betrifft, hatte ich schon vor dem Erlaß des Gleichberechtigungsgesetzes mehrfach hingewiesen[47]. Man hätte aber wohl schwerlich diese sachlichen Vergünstigungen der Frau durch Regelung des Güterrechts kompensieren können, die einigermaßen praktikabel sind. Wird die Ehe durch den

[45] Darauf weist auch *Lange* in der Denkschrift S. 123 hin, während er nunmehr (NJW 1957, 1386) anscheinend die Regelung des BGB als typischerweise dem Willen des Erblassers entsprechend ansieht.

[46] NJW 1957, 1386; vgl. demgegenüber *Lange* in der Denkschrift a. a. O.

[47] Deutscher Notartag 1952, S. 52 f; Der Unternehmer und sein Nachfolger, 1956, .S 69.

Tod des Mannes aufgelöst, so wird gewöhnlich die Sicherstellung der Frau durch Pension usw. *und* Anteil am Vermögen des Mannes durchaus billig sein und den Interessen der Eheleute entsprechen, da die Vermögen in diesen Verhältnissen nicht groß sind und als Ergänzung für die mehr oder weniger unzureichende anderweitige Versorgung der Frau gedacht sind[48]. Gerade in diesen Fällen kommt es auch darauf an, nach dem Tode eines vermögenden Ehegatten dem Überlebenden halbwegs die Aufrechterhaltung des Lebenszuschnitts zu ermöglichen, den beide Eheleute gehabt haben.

Obwohl das Gesetz den Fall als Leitbild genommen hat, in dem die Frau während der Ehe ganz oder überwiegend als Hausfrau tätig ist und den Mann überlebt, findet Bärmann[49] den Grundsatz der Entschädigung der Nur-Hausfrau nicht genügend durchgeführt. Aus diesem Grunde sagt er dem Gesetz nach, es gehe an der „materiellen Gleichberechtigung“ vorbei[50] und statuiere eine „rein formale“ Gleichberechtigung[51], eine „künstliche Gleichheit[52]“, die „nichts mehr von der Tradition des germanischen Rechts an sich“ habe, „von dort her vielmehr als eine Entartung bezeichnet werden“ müsse[53], die mit ihrer „Typisierung und Pauschalierung...“ nivellierenden Tendenzen der materiellen Wirtschaftsauffassung und Soziallehre, nicht aber dem Rechtsempfinden entspreche, und dem verfassungsrechtlichen Gleichheitssatz widerstreite[54].

Macht man sich einmal die Mühe, den sachlichen Kern dieser Angriffe herauszuschälen, so ergibt sich zweierlei: Bärmann findet den materiellen Gleichheitssatz einmal dadurch verletzt, daß das Gesetz schon in seiner güterrechtlichen Lösung auch dem Mann einen Zugewinnausgleichsanspruch gibt. Der Mann ist, wie er meint, dadurch ungerechtfertigt bevorzugt, weil vom Standpunkt „materieller Gleichberechtigung“ aus der Zugewinnausgleich nur zugunsten der Frau zulässig sei, nämlich als Entschädigung für die Hausfrautätigkeit[55].

[48] Anderer Ansicht ist *Lange* (a. a. O., S. 1386). Er meint, daß die Witwe „längst nicht mehr der Not preisgegeben“ sei; er geht sogar soweit, die Witwe u. a. auf die Wohlfahrtsunterstützung (!) zu verweisen, aus der ihr „wesentliche Mittel mit und nach dem Tode“ des Mannes zufließen.

[49] JZ a. a. O., S. 225.

[50] AcP a. a. O., S. 212.

[51] AcP a. a. O., S. 147, 212, JZ a. a. O., S. 225.

[52] AcP a. a. O., S. 211.

[53] AcP a. a. O., S. 147.

[54] AcP a. a. O., S. 150.

[55] AcP a. a. O., S. 147 f. 121; JZ a. a. O., S. 225.

Es fällt nicht ganz leicht, diesen Gedankengängen zu folgen, jedenfalls dann nicht, wenn man sich klar darüber ist, daß es durchaus Fälle gibt, in denen die Frau, sei es durch eigene Berufstätigkeit, sei es aus eingebrachtem Vermögen, einen Zugewinn erzielt, der den des Mannes nicht unerheblich übersteigt. Nur eine so ausgeprägte „Typisierung" und „Pauschalierung", wie Bärmann sie dem beiderseitigen Zugewinnausgleich zur Last legen möchte, kann solche Fälle übersehen, die freilich Ausnahmen sind gegenüber dem Normalfall, in dem der Ehemann der alleinige Verdiener der Familie ist, einem Fall, dem man aber nicht, wie Bärmann es versucht[56], die Alternative gegenüberstellen darf, „daß es keine Hausfrauen- und Mutterpflichten mehr gibt". Diese unglücklich verengte Auffassung von der Bedeutung des Zugewinnausgleichs verwundert um so mehr, als doch gerade Bärmann sich für die Errungenschaftsgemeinschaft ausspricht, die wirtschaftlich zu ähnlichen Ergebnissen führt, wie der von ihm so bekämpfte beiderseitige Zugewinnausgleich.

Der zweite Vorwurf Bärmanns richtet sich dagegen, daß das Gesetz „die Beteiligung am Vermögenszuwachs völlig unabhängig von wirklicher wirtschaftlicher Mitarbeit gewährt"[57]. Hier bleibt Bärmann zunächst die Antwort auf die Frage schuldig, wie das Gesetz Rücksicht darauf nehmen soll, „ob die Ehefrau (bzw. der Ehemann) einen echten genossenschaftlichen Beitrag zum Vermögenszuwachs geleistet hat[58]", ob etwa der Ehegatte, der den Zugewinnausgleich geltend macht, seine „Leistungen" im Rahmen einer Jahre oder Jahrzehnte lang bestehenden Ehe im einzelnen darlegen soll und ob der Richter darüber zu befinden hat, ob jene von ihm vorgeschlagenen unbestimmten Rechtsbegriffe erfüllt sind. Hiervon abgesehen ist auch dieser Vorschlag wiederum unvereinbar mit dem Postulat der Vermögens- oder zumindest Errungenschaftsgemeinschaft, das Bärmann in gleichem Atemzug aufstellt. Während er einerseits aus dem Wesen der Ehe die Gemeinschaft des Vermögens herleiten möchte[59], spricht er sich andererseits für eine so peinliche Abrechnung aus, wie sie nicht einmal in den doch viel lockereren Verhältnissen des Gesellschaftsrechts vorkommt.

Das Prinzip der „Abrechnung zwischen den Eheleuten", welches die Zugewinngemeinschaft beherrscht, führt nun allerdings auch möglicherweise dazu, daß das erworbene Vermögen durch eine Wiederheirat des verwitweten

[56] AcP a. a. O., S. 212.
[57] JZ a. a. O., S. 225.
[58] JZ a. a. O.
[59] z. B. AcP a. a. O., S. 250, 212.

oder geschiedenen Ehegatten zu einem erheblichen Teil in eine andere Familie übergeht [60], aber dies doch nur in Ausnahmefällen. Einmal heiratet der weitaus überwiegende Teil der Frauen, wie gesagt, nicht ein zweites Mal, zum anderen wird noch viel seltener ein relevantes Vermögen vorhanden sein und dann eine rechtsgeschäftliche Regelung nicht vorliegen. Die Bedenken gegen die Abwanderung des Vermögens in familienfremde Hände haben eben nur insoweit Berechtigung, als das Vermögen wirklich Familienvermögen ist, also seiner Größe nach über den Zweck der Sicherstellung der Eheleute und der Ausbildung der Kinder hinausgeht. Dann aber sollten die Beteiligten selbst ihre Verhältnisse regeln, für diese Ausnahmefälle in ihrer ganzen Vielgestaltigkeit kann man kein Gesetz machen.

Gewiß hat allerdings ein Güterrechtssystem, wie es die Zugewinngemeinschaft ist, einen beschränkteren Bereich der Richtigkeit als jede Form einer ausgleichslosen Gütertrennung, als welche sich ja auch der frühere gesetzliche Güterstand des BGB darstellt. Denn in den Systemen der letztgenannten Art bleiben eben die Vermögen der Eheleute auch und gerade bei der Eheauflösung unangetastet, die Eheleute stehen sich insoweit weit mehr als Fremde gegenüber, als es nunmehr der Fall ist. Eine ehevertragliche Modifikation wird daher in jenen Fällen viel weniger in Betracht kommen. So nimmt es für den einsichtigen Beurteiler nicht wunder, daß man unter dem neuen gesetzlichen Güterstand in wesentlich stärkerem Maße an den Ehevertrag denken muß. Manche heute geübte Kritik scheint diese wesensmäßige Enge des Güterstandes seinem Anwendungsbereich nach zu übersehen und insofern noch zu sehr an den Gewohnheiten des alten Rechts zu hängen.

Der neue gesetzliche Güterstand ist nur dem Prinzip nach ein Güterstand des Zugewinnausgleichs, er läßt es zu einem rechnerischen Zugewinn nur dann kommen, wenn die Ehe auf andere Weise als durch den Tod aufgelöst wird (§ 1372) und wenn der überlebende Ehegatte weder Erbe noch Vermächtnisnehmer ist (§ 1371, Abs. 2); im übrigen versucht er den Ausgleichsgedanken durch erbrechtliche Mittel durchzuführen.

Diese „erbrechtliche Lösung“ beruht, kurz gesagt, auf folgenden Erwägungen [61]:

1. Der Tatbestand des Zugewinnausgleichs wird im Falle des Todes eines Ehegatten dadurch entscheidend verändert, daß eben dieser Ehegatte nicht

[60] Darauf legt *Lange* in seiner Polemik gegen die erbrechtliche Lösung besonderen Wert, vgl. a. a. O., S. 1386, jetzt auch *Boehmer* NJW 1958, 524.

[61] Im übrigen sei verwiesen auf *Maßfeller-Reinicke* a. a. O., S. 9 f sowie auf meine beiden bereits zitierten Vorträge.

mehr am Leben ist. Ein eigentlicher Ausgleich zwischen dem einen, der – infolge der Gütertrennung – „zuviel“ hat, und dem anderen, der „zuwenig“ hat, kommt also gar nicht mehr in Frage.

2. Sachlich beteiligt sind vielmehr nur noch der überlebende Ehegatte und, soweit vorhanden, die gemeinsamen Kinder, die erst- oder vorehelichen Kinder des Verstorbenen und schließlich „die Familie“ des Verstorbenen, vor allem seine Eltern und seine Geschwister.

3. Diese Situation weist nahezu zwingend auf einen Ausgleich im Rahmen des Erbrechts hin, da es ja nur darum geht, den Nachlaß richtig zwischen den genannten potentiellen Beteiligten zu verteilen und der Ehegatte schon nach bisherigem Recht gesetzlicher (Mit-)Erbe ist und es nach allgemeiner Meinung auch bleiben sollte.

4. Der erbrechtliche Ausgleich hat weiterhin den großen Vorteil, die umständliche und im einzelnen unsichere Rechnungsarbeit zu ersparen, ohne die es bei einem regelrechten Zugewinnausgleich nicht geht.

5. Er ermöglicht es, das ganze Schicksal des Nachlasses in einem Verfahren zu behandeln, das zudem seit fast 60 Jahren erprobt ist.

6. Indem er den überlebenden Ehegatten auch hinsichtlich des Zugewinnanteils zum (Mit-)Erben macht, vermeidet er zusätzliche Streitquellen, die sich sonst aus der Sonderstellung dieses Ehegatten als eines Nachlaßgläubigers (auf Grund eines sehr komplizierten Normenkomplexes!) ergeben würden, schützt er den Nachlaß vor dem ihm oft gefährlichen Zahlungsanspruch, hilft so, alle in concreto Beteiligten zu einer (Erben-)Gemeinschaft zu konsolidieren und gibt endlich dem Überlebenden eine dingliche Beteiligung in die Hand, die ohne Liquidation von Vermögensgegenständen in die Zuteilung eines oder mehrerer Gegenstände übergehen kann, ohne daß Schwankungen des Geldwertes sich störend bemerkbar machen.

Diese Gesichtspunkte haben allerdings ein durchaus verschiedenes Gewicht. Ausschlaggebend sind die Umstände, daß einer der Ehegatten nicht mehr lebt, daß nur beteiligt sind der überlebende Ehegatte und die Verwandten des Erstverstorbenen, und daß diese Situation nahezu zwingend auf einen Ausgleich im Rahmen des Erbrechts hinweist. Die weiteren Gesichtspunkte liegen mehr in der Richtung der Praktikabilität, die freilich auch nicht zu gering geschätzt werden sollte[62].

[62] Ich verstehe nicht recht, wie *Braga* (a. a. O., S. 334 f) und *Bärmann* (AcP a. a. O., S. 185) dazu kommen, dem Gesetzgeber offenbar nachzusagen, er habe nicht die typischen Interessen der sachlich Beteiligten berücksichtigt und abgewogen, sondern „das hier sachfremde Interesse der Justiz und der Praxis (z. B. des Notariats) an einer leichten Hand-

Jene Richtigkeitsgedanken sind aber nur in ihrem Zusammenhang zu verstehen. Es geht daher zu weit, wenn Müller-Freienfels [63] meint, die theoretische Richtigkeitsgewähr der Erbrechtsverstärkung stehe und falle mit der Annahme, in der Mehrzahl der Fälle liege das Verhältnis zwischen Zugewinn und Eingebrachtem so, daß nach Maßgabe des rechnerischen Zugewinnausgleichs der (lebende!) Ehegatte ebensoviel erhalte wie auf Grund der erbrechtlichen Lösung im Todesfall seine Kinder. Das ist deshalb nicht geboten, weil der Todesfall Erbprobleme und keine Zugewinnprobleme aufwirft.

Nur insoweit ist allerdings das erbrechtliche Prinzip mit dem Grundsatz des Zugewinnausgleichs verwandt, als die Erbrechtsverstärkung prinzipiell allein dann begründet ist, wenn das Vermögen des Verstorbenen im wesentlichen in der Ehe erworben wurde und daher besonders auch zur Versorgung des anderen Ehegatten bestimmt ist. Liegt dagegen ein beträchtliches Anfangsvermögen vor oder ist das Erworbene derart bedeutend, daß es weit über den Versorgungszweck hinausgeht, so soll der Erblasser entsprechende Verfügungen treffen; das Gesetz kann für solche Fälle kein Maßkleid geben. Das sind eben die Ausnahmen. Daher kann hier ebensowenig davon die Rede sein, daß der überlebende Ehegatte ungerechtfertigt bevorzugt würde, wie eine solche Behauptung schon für den Zugewinnausgleichsgedanken selbst ceteris paribus unzutreffend ist. Auch fruchtet nicht das beliebte Beispiel des kurz nach der Eheschließung verstorbenen „reichen" Ehemannes, welches Braga sogar zu dem Vorschlag verführt hat, das Gesetz noch vor seinem Inkrafttreten zu ändern [64]. Ein solcher Mann soll eben bei seiner Eheschließung bedenken, daß er sterben kann und was dann aus seinem Vermögen wird; für die Folgen seiner Nachlässigkeit ist das Gesetz nicht verantwortlich.

Sicher werden durch die Regelung des neuen Rechts die Kinder im Vergleich zu dem bisherigen Recht zugunsten des überlebenden Ehegatten zurückgesetzt. Aber das ist, wie sich schon bei der allgemeinen Betrachtung des Zugewinnausgleichsprinzips gezeigt hat, in den typischen Fällen durchaus berechtigt [65]. Vieles, was heute dagegen vorgebracht wird, betrifft im Grunde

habung des Gesetzes ..... überbewertet". Abgesehen davon, daß, wie gesagt, von einer Überbewertung der Zweckmäßigkeitsfrage nicht die Rede sein kann, übersehen *Braga* und *Bärmann*, daß die leichtere Handhabung des Gesetzes nicht zuletzt im Interesse der sachlich Beteiligten liegt.

[63] A. a. O., S. 689.

[64] A. a. O., S. 336.

[65] In diesem Sinne auch *Müller-Freienfels*, a. a. O., S. 688, der u. a. darauf hinweist, daß das Kapital der Eltern heute weit mehr als früher für die Ausbildung der Kinder ausgegeben wird und daß wegen der geringen Kinderzahl heute auf jedes Kind durchschnittlich ein größerer Anteil fällt.

genommen den Zugewinnausgleich selbst und ist deswegen schon in anderem Zusammenhang erörtert worden. Nur scheint es so, daß die zusätzliche erbrechtliche Beteiligung des überlebenden Ehegatten besonders störend wird, veranlaßt sie doch offenbar Lange festzustellen, daß „nunmehr ... der überlebende Ehegatte (sich) auch neben Kindern den Großteil des Erbgutes erkämpft" habe[66], daß er zum „Herrn des Nachlasses" geworden sei[67]. Das ist um so merkwürdiger, als nicht nur die Erbrechtsverstärkung in dem größten Teil der praktischen Fälle sachlich bloß an die Stelle des rechnerischen Zugewinns tritt, von dem sie nur in mäßigen Grenzen abweicht, sondern auch in neuerer Zeit das Ehegattenerbrecht überhaupt ein wesentlich größeres Gewicht bekommen hat, ganz entsprechend den vorhin angedeuteten soziologischen Entwicklungen.

Dem überlebenden Ehegatten fällt also nach dem neuen Recht nicht nur das zu, was er in etwa auch im Wege des Zugewinnausgleichs beanspruchen könnte, er wird vielmehr auch so gestellt, wie er es angesichts der heutigen Vermögensverhältnisse in den Familien typischerweise zumindest verdient. Das Gesetz hat einen, wie ich meine, glücklichen Mittelweg eingeschlagen zwischen der Alleinerbenstellung des überlebenden Ehegatten, wie sie ja oft angeordnet wird, und seiner Minderheitsstellung gegenüber den miterbenden Kindern. Von dieser „Gleichberechtigung" zwischen dem überlebenden Ehegatten und den Kindern kann und soll der Erblasser selbstverständlich in allen Fällen abweichen, in denen er die eine oder die andere Seite bevorzugen will[68]. Das Maß des Gesetzes liegt aber in der Mitte.

Hierbei ist noch zu bedenken, daß die „Benachteiligung" der gemeinschaftlichen Kinder weitgehend dadurch ausgeglichen wird, daß diese häufig von dem überlebenden Ehegatten unterhalten werden und für gewöhnlich ihn später beerben. Das müssen im Grunde genommen die Kritiker des Gesetzes mehr oder weniger zugeben, weswegen bei ihnen die erst- oder vorehelichen Kinder des Verstorbenen so übermäßige Beachtung finden[69]. Aber gerade der zuletzt genannte Fall bleibt doch seltene Ausnahme und verpflichtet die Ehegatten, besondere Regelungen durch Ehevertrag oder Verfügungen von Todes wegen zu treffen, eine Verpflichtung, die ihnen § 1371 Abs. 4 keines-

[66] A. a. O., S. 1387.
[67] A. a. O., S. 1381.
[68] Daß das, wie *Lange* in JW 1957, 1387 meint, „trotz aller Vernunftsgründe vom Erblasser als seelische Belastung, vom Überlebenden als Kränkung empfunden" werden wird, ist doch wohl zuviel gesagt; damit würde man praktisch einen Familienvater überhaupt für „testierunfähig" erklären.
[69] Vgl. *Beitzke* a. a. O., S. 68 f; *Erman-Bartholomeyczik*, § 1931 Anm. 4 b ee.

wegs abnimmt oder abnehmen kann, da sie zu wenig auf die im Einzelfalle sehr unterschiedlich gelagerten Verhältnisse Rücksicht zu nehmen vermag[70].

Die Zusammenfassung des überlebenden Ehegatten und der Kinder in der Erbengemeinschaft hat zudem, wie gesagt, gegenüber dem obligatorischen

[70] Die Schlechterstellung, die das Gleichberechtigungsgesetz den übrigen gesetzlichen Erben im Vergleich zum bisherigen Rechtsstand gebracht hat, versucht nunmehr *Bärmann* durch eine überaus kühne Konstruktion oder, wie er selbst sagt, „ungewöhnliche Argumentation" (JZ a. a. O., S. 227) wieder zu beseitigen (AcP a. a. O., S. 172 ff; JZ a. a. O., S. 227). Er geht davon aus, daß während des Güterstandes bereits eine Anwartschaft auf den Zugewinnausgleich vorhanden sei, aus der die Ausgleichsforderung im Zeitpunkt der Beendigung des Güterstandes entstehe. Dieser Vorgang, so meint *Bärmann*, spiele sich auch dann ab, wenn die Ehe durch den Tod aufgelöst wird, also der Fall des § 1371 Abs. 1 grundsätzlich eintritt. Stirbt also der Ausgleichsberechtigte, so erwächst nach der Ansicht *Bärmanns* in der Person seiner Erben die Anwartschaft zum Vollrecht, sie können den Ausgleichsanspruch geltend machen. Selbst wenn man den rechtspolitischen Absichten *Bärmanns* zustimmt, muß man doch wohl sagen, daß der Weg, den *Bärmann* zu ihrer Verwirklichung aufweist, dogmatisch und vom Sinn des Gesetzes her gesehen einfach ungangbar ist. Bereits die Konstruktion der Anwartschaft begegnet ganz erheblichen dogmatischen Bedenken. Denn, wie allgemein bekannt, ist der Begriff der Anwartschaft geschaffen worden, um die Rechtsstellung des aufschiebend bedingt Berechtigten während des Schwebezustandes zu bezeichnen und zu erfassen (vgl. st. a. von *Tuhr*, Allgemeiner Teil Band I, S. 180 ff.). Der Begriff ist dann allgemeiner gefaßt worden in dem Sinn, daß man jede „übertragbare und als subjektives Recht geschützte Aussicht auf künftigen Erwerb eines Rechts" damit umfaßte (vgl. st. a. *Staudinger-Coing*, 11. Aufl. 1957, Vorbem. vor § 158 Anm. 21), wobei, wie *Coing* (a. a. O.) zu Recht betont, klargestellt werden soll, daß die geschilderte Rechtsstellung schon vor Klärung der Rechtslage Gegenstand von Verfügungsgeschäften und Vollstreckungsmaßnahmen sein kann und vererblich ist". Diese dogmatischen Zusammenhänge verkennt *Bärmann*, zumal er selbst zugibt, daß von einer Übertragbarkeit und Vererblichkeit der von ihm gefundenen „Anwartschaft" nicht die Rede sein kann (AcP a. a. O., S. 172). Die Ausgleichsforderung unterscheidet sich in dieser Hinsicht in keiner Weise von irgendwelchen anderen (in der Entstehung an und quando ungewissen) Forderungen aus Dauerrechtsverhältnissen, von denen *Bärmann* doch kaum schlechthin behaupten will, daß ihnen Anwartschaften zeitlich vorgingen. Etwas Gegenteiliges folgt auch nicht aus den Vorschriften über die Verwaltungs- und Verfügungsbeschränkungen und über das Recht zur vorzeitigen Geltendmachung sowie über das Recht auf Unterrichtung über den Vermögensstand des anderen Ehegatten, Vorschriften, auf die *Bärmann* seine Ansicht stützen möchte. Das sind Folgen aus dem Güterstand als Rechtsverhältnis, aber nicht Hinweise für das Vorhandensein eines Anwartschaftsrechts.

Steht demnach die dogmatische Unhaltbarkeit der *Bärmann*schen These außer jedem Zweifel, so erübrigt es sich fast, auf den Sinn und den Zusammenhang des Gesetzes einzugehen. Es sei aber noch gesagt, daß der Zweck der erbrechtlichen Lösung darin besteht, jeden rechnerischen Zugewinnausgleich – ob zugunsten oder zuungunsten des Überlebenden – auszuschließen. Das dürfte niemand in Frage stellen wollen. Und wenn es noch eines Beleges aus dem Gesetz bedarf, so ist § 1372 anzuführen, der unmißverständlich bestimmt, daß der Zugewinnausgleich nach den Vorschriften der §§ 1373 bis 1390 nur stattfindet, wenn der Güterstand auf andere Weise als durch den Tod eines Ehegatten beendet wird. Auf die Vorschriften des § 1371 Abs. 2 und 3 schließlich kann *Bärmann* sich ebenfalls nicht berufen.

Zugewinnausgleichsanspruch den großen Vorteil, daß – trotz aller Fliehkräfte in der Erbengemeinschaft – die Interessen mehr vereint als gegeneinandergestellt sind. Der Ehegatte wird nicht zum Träger einer auf Erfüllung zielenden Forderung, sondern Genosse seiner Kinder. So ist es viel leichter möglich, daß eine Erbteilung ohne Veräußerung von Gegenständen als Realteilung vorgenommen wird, daß – wenn etwa ein Unternehmen sich im Nachlaß befindet – aus der Erbengemeinschaft eine Gesellschaft wird. Es zwingt weder die Verjährungsfrist (§ 1378: drei Jahre) zu alsbaldiger Geltendmachung des Anspruchs, noch zeigen sich die Unannehmlichkeiten einer Verjährungshemmung, wie sie eintreten würden, wenn dem Überlebenden minderjährige Kinder gegenüberstehen (§ 204 BGB).

Um so seltsamer erscheint es, daß diese Gesamthandslösung auf so starke Bedenken stößt, wie sie etwa Lange äußert[71]. Er weist auf den Vorzug hin, den die Zugewinngemeinschaft vor der Errungenschaftsgemeinschaft insofern habe, als bei ihr kein Gesamthandsvermögen gebildet wird, übersieht dabei aber wohl, daß doch schon nach der – von ihm immer wieder als vorbildlich angesprochenen Regelung des BGB der überlebende Ehegatte zu den gesetzlichen Erben gehört und daher eine Gesamthandsgemeinschaft mit ihm ohnehin gebildet wird. Da dieses Argument mithin recht wenig eindrucksvoll ist, stellt er es als besonders unerfreulich hin, daß „die hohe Beteiligung des überlebenden Ehegatten an dieser Gesamthand ... bei erhaltenswerten Einheiten (fordert), daß die Erbengemeinschaft möglichst lange fortgesetzt wird[72]“. Darin liegt zunächst einmal das Eingeständnis eingeschlossen, daß die Erbengemeinschaft immerhin „erhaltenswerte Einheiten“ enthält und nicht zu ihrer Zerreißung oder Verschleuderung führt[73]. Daß aber die Erbengemeinschaft auf diese Weise werbenden Charakter bekommen könnte, ist doch kaum ein wesentlicher Nachteil. Das war schon bisher und seit langem das Schicksal vieler Erbengemeinschaften, ohne daß bei ihnen „die gleichen Erschwerungen im Verkehr“ wie bei der Errungenschaftsgemeinschaft sich übermäßig störend ausgewirkt hätten.

[71] A. a. O., S. 1384.

[72] A. a. O.

[73] *Lange* weist selbst darauf hin, daß die Geltendmachung einer Geldforderung u. U. „ruinös wirken und zur Versilberung des Ganzen zwingen“ könnte, a. a. O., S. 1384; wie *Lange* andererseits ausführen kann, es würde „bei der gesetzlichen Erbfolge in Zukunft nur schwer möglich sein, die Zerschlagung des Familienguts zu verhindern“ (a. a. O., S. 1386) ist mir nicht recht verständlich.

In ihrer praktischen Anwendung schließt die gesetzliche Regelung es allerdings nicht aus, daß der überlebende Ehegatte im Einzelfalle mehr bekommt, als ihm nach dem rechnerischen Zugewinnausgleich zustehen würde. Dieser Umstand hat die Kritik am Gesetz ganz besonders angezogen. Bärmann und K. Ulmer, die vornehmlich zu nennen sind[74], sehen in der Regelung eine Benachteiligung der Ehefrau, die sich mit dem Gleichheitssatz des Grundgesetzes nicht vereinbaren lasse[75]. Auf ihre Argumentationen, die methodisch und im einzelnen nicht unwesentlich voneinander verschieden sind, kann ich hier nicht näher eingehen, möchte aber doch so viel sagen: das wohl verzeihliche Mißverständnis dieser Kritiker beruht darin, daß sie die erbrechtliche Lösung der güterrechtlichen jeweils in ihren rechnerischen Ergebnissen gegenüberstellen und in allen Fällen, in denen die Ergebnisse nicht übereinstimmen, den Gleichheitssatz als verletzt ansehen. Ein derartiger Summenvergleich ist infolge der erheblichen Unterschiede der Rechtsstellung des überlebenden Ehegatten und in anderer Hinsicht gar nicht möglich. Die Kritiker verkennen zudem, daß die erbrechtliche Lösung, die sicher als Teil der Zugewinngemeinschaft entstanden und Gesetz geworden ist, insofern auf selbständigen rechtspolitischen Gründen beruht, als sie auch bezweckt, in allen Ehen, in denen die Ehegatten ihre ehegüterlichen und erbrechtlichen Verhältnisse nicht geregelt haben – also in der weitaus überwiegenden Zahl der Ehen mit mittlerem und kleinem Vermögen – die Erbportion des Überlebenden zu erhöhen. Und schließlich vergessen diese Kritiker immer wieder, daß die Ehegatten doch überall dort, wo diese Lösung ihren Vorstellungen nicht entspricht, vom Ehevertrag oder von der Testierfreiheit Gebrauch machen können.

Nach § 1371 Abs. 3 hat der überlebende Ehegatte bekanntlich die Möglichkeit, die Erbschaft auszuschlagen und dann den Zugewinnausgleich und den Pflichtteil zu verlangen. Diese Regelung wird vielfach so angesehen, als ob sie dem Überlebenden eine freie Wahl gäbe. In Wahrheit stellt sie aber nach dem Sinne des Gesetzes und seinem Gesamtzusammenhang nach einen Ausnahmefall dar und wird auch in der Praxis so behandelt werden. Sie soll nur ein Ausweg sein in den Fällen, in denen der Ehegatte „ein schutzwürdiges Interesse daran hat, die Erbschaft auszuschlagen[76]"; der Übergang zum Zugewinnausgleichsanspruch ist dann nur die zwangsläufige Folge. Keineswegs

[74] daneben *Erman-Bartholomeyczik* a. a. O. und *Beitzke* a. a. O., S. 67 f.

[75] *Bärmann* AcP a. a. O., S. 183 f; JZ a. a. O., S. 228 f; *K. Ulmer* NJW a. a. O., S. 170, FamRZ S. 113 f.

[76] *Maßfeller-Reinicke* a. a. O., S. 13.

ist aber das Gesetz darauf abgestellt, daß der Ehegatte nach dem Tode des anderen Berechnungen darüber anstellt, wie er am günstigsten fährt, und man sollte jedermann warnen, mit einem solchen Vorsatz an das Gesetz heranzugehen. In den meisten Fällen werden zudem so komplizierte Bewertungen, Berechnungen und Vergleiche, wie sie nötig wären, kaum zu einem eindeutigen Ergebnis führen. Bei den Altehen und den meisten Neuehen wird fernerhin der Vergleich durchweg zugunsten des erbrechtlichen Weges ausfallen.

Diese Subsidiarität des Zugewinnausgleichs bei beerbter Ehe verkennen leider manche Kritiker des Gesetzes, die sich bemühen, gerade an den Mängeln der von ihnen gesehenen Wahlmöglichkeit die Schwäche des ganzen Werkes darzutun. So spricht Braga davon, daß „die so gefürchtete Kompliziertheit und Schwierigkeit bei der Berechnung der Ausgleichsforderung (durch die erbrechtliche Lösung) nicht beseitigt seien", sondern „unter anderen, noch unübersichtlicheren Voraussetzungen und in veränderter Gestalt" wieder auftauche[77]. Und auch Müller-Freienfels meint, „praktisch sei die Notwendigkeit, den Zugewinn zu berechnen, in vielen Fällen doch wieder gegeben", der „Wert der Vereinfachung" durch die erbrechtliche Lösung (dürfe daher) nicht überschätzt werden[78]. Bärmann will sogar auch hier die Frage der Verfassungsmäßigkeit stellen, weil das Gesetz „selbst von Juristen nicht mehr klar und sicher gehandhabt werden könnte[79]".

Alle diese Angriffe gehen ins Leere, weil der überlebende Ehegatte nicht wählen und rechnen, sondern seine Entscheidung über die Ausschlagung im Prinzip unabhängig von solchen Erwägungen treffen soll und durchweg treffen wird.

Darum ist es auch nicht angängig, sich darüber zu beklagen, wie sehr das Gesetz die nach seiner ratio sachfremden Rechnungen erschwere und so die Wahl kompliziere, daß das Verlangen des Zugewinns ein „Risikogeschäft" sei[80], daß der Überlebende mit dem Erbfall „vor schwierige Fragen gestellt" sei[81], daß die „Berechnung innerhalb von sechs Wochen nicht möglich sein" würde[82]. Alle diese viel besprochenen Schwierigkeiten haben nämlich – wenn

[77] A. a. O., S. 336.
[78] A. a. O., S. 689.
[79] JZ a. a. O., S. 229, vgl. auch AcP a. a. O., S. 212 f; dazu *Erman-Bartholomeyczik* § 1931 Anm. 2.
[80] So *Lange* a. a. O., S. 1382 Note 17.
[81] So *Lange* a. a. O., S. 1383.
[82] So *Lange* a. a. O., S. 1383; ich möchte auch nicht *Langes* Ansicht teilen, daß man mit der Irrtumsanfechtung helfen sollte und könnte. Es ist doch kein Irrtum über wesentliche

auch vielleicht weniger den Überlegungen des Gesetzgebers entsprungen als vielmehr vermöge der „List der Vernunft" – den Sinn, den überlebenden Ehegatten davon abzuhalten, ohne Not und aus bloßer Berechnung den Weg der Erbschaftsausschlagung zu gehen. Aber nicht nur diese praktischen Hemmnisse werden eine Berechnung des Zugewinns verhindern[83], es ist darüber hinaus zu bedenken, daß viele Ehegatten doch auch sittliche Bedenken – auch im Hinblick auf die Kinder – oder psychologische Hemmungen haben, sich über den letzten Willen des anderen in dieser Art hinwegzusetzen. Gerade in diesen Verhältnissen sollte auch der beratende Jurist dem Laien klarmachen, daß nicht immer das Heil darin liegt, alles aus dem Gesetz herauszuholen, auch das Letzte. Und wir dürfen es begrüßen, daß das Gesetz so weise ist, uns durch die verschiedenen praktischen Schwierigkeiten es zu erleichtern, einen Weg nicht zu gehen, den man nicht gehen soll, nur um seine wirtschaftliche Lage auf Kosten seiner Kinder vielleicht um einiges zu verbessern[84].

Zusammenfassend glaube ich sagen zu können, daß das Gleichberechtigungsgesetz uns eine Reform des Ehegüterrechts und des Ehegattenerbrechts gebracht hat, die für den Großteil der Fälle entweder das Richtige trifft oder irrelevant ist. Dem entspricht die Aufnahme, die das Gesetz bisher in der Praxis gefunden hat. Es ist zwar erst am 1. Juli 1958 in Kraft getreten.

Eigenschaften des Nachlasses, sondern ein bloßer Motivirrtum. In der Kürze der Frist liegt übigens die beste Gewähr gegen irgendwelche Spekulationsversuche.

[83] a. M. *Lange* a. a. O., S. 1384.

[84] Abwegig erscheint mir deswegen *Bärmanns* These von der Verfassungswidrigkeit des Gesetzes wegen Unklarheit. Das von *Bärmann* dafür zitierte Urteil des Bundesverfassungsgerichts zum Apothekenstopgesetz (BVerfGE 5,25 = NJW 1956, 1025 = JZ 1956, 486) paßt in diesen Zusammenhang nicht hinein. Während nämlich dort die ganze Unübersichtlichkeit des landesrechtlichen Apothekenrechts zumal in historischer und und geographischer Hinsicht, wie das Urteil sie im einzelnen darlegt, das Entscheidende war, handelt es sich hier allenfalls darum, daß eine Rechtsmaterie vielleicht nicht so einfach geregelt ist, daß auch der Laie sie ohne weiteres zu übersehen vermag. Das teilt aber das Gleichberechtigungsgesetz mit dem weitaus überwiegenden Teil unseres Rechts; denn wer will etwa behaupten, es sei dem Laien in der Regel möglich, einen konkreten Zivil- oder Strafrechtsfall aus dem Gesetz zu entscheiden? Wenn das Bundesverfassungsgericht in dem von *Bärmann* zitierten Satz darauf abstellt, ob zur Regelung dessen, was rechtens ist, „spezielle Kenntnisse" erforderlich sind, so konnte sich dies – und das zeigt auch der Zusammenhang des Urteils – nur auf die Kenntnis über die einzelnen, zum Teil recht alten und in ihrem Verhältnis zueinander unübersichtlichen Rechtsvorschriften auf dem Gebiet des Apothekenrechts beziehen, nicht aber waren damit die „Kenntnisse", d. h. das allgemeine juristische Wissen und Können gemeint, die nun einmal der Jurist vor dem Laien voraus hat und ohne die eine Anwendung und Auslegung des Rechts schon seit langem nicht mehr möglich ist. Diese Art von „Kenntnis" hat das Bundesverfassungsgericht sicherlich nicht gemeint.

Immerhin können Ehegatten, die nach der Verkündung des Gesetzes, also nach dem 21. Juni 1957, geheiratet haben, der Zugewinngemeinschaft nur durch einen Ehevertrag entgehen. Von dieser Möglichkeit ist bisher nur sehr beschränkt Gebrauch gemacht worden. Eine die Zeit von der Verkündung des Gesetzes bis zum 30. April 1958 erfassende Umfrage bei den 95 Notaren des Oberlandesgerichtsbezirks Köln ist von 90, also von fast allen beantwortet worden. Hiernach ist von diesen 90 Notaren nur 96 mal die Vereinbarung der Gütertrennung durch Eheleute, die nach der Verkündung des Gesetzes geheiratet haben, beurkundet worden, d. h. in weniger als 5 pro Mille aller Fälle. Nun könnte man hier einwenden, innerhalb der ersten zehn Monate nach Verkündung des Gesetzes habe sich die neue Regelung nicht genügend herumgesprochen, um die Zugewinngemeinschaft bei Brautleuten als das erscheinen zu lassen, was sie in den Augen ihrer Kritiker darstellt. Für die Folgezeit kommt aber in Betracht, daß ein nicht unerheblicher Teil der Presse, Banken, Verbandsgeschäftsführer, Steuerberater und Steuerhelfer in großem Umfang vor dem neuen Güterstand gewarnt, insbesondere, angeregt durch die Kritik, die Nachteile des Güterstandes in extremen Fällen herausgestellt hatten, daß die Berater vielfach sich nicht gescheut hatten, ihre Kunden oder Klienten, die in einer vor der Gesetzesverkündung eingegangenen Ehe leben, zur Abgabe der in Art. 8 Ziff. 3 Abs. 2 vorgesehenen Erklärung aufzufordern. Hierdurch entstand etwa einen Monat lang ein solcher Wirbel, daß die Güterrechtsreform das Gesprächsthema war. Auf die seit der Verkündung des Gleichberechtigungsgesetzes eingegangenen Ehen ist dies nahezu ohne Einfluß geblieben. Eheverträge, in denen die Zugewinngemeinschaft ausgeschlossen oder auch nur modifiziert wird, werden, jedenfalls nach den Beobachtungen im Bereiche des Rheinischen Notariats, auch in neuerer Zeit im allgemeinen nur vereinzelt abgeschlossen, jedenfalls seltener als zur Zeit der Geltung des früheren ordentlichen gesetzlichen Güterstandes des Bürgerlichen Gesetzbuches die Gütertrennung vereinbart wurde.

Aber auch die Zahl der nach Art. 8 Ziff. 3 Abs. 2 abgegebenen Erklärungen hält sich in sehr mäßigen Grenzen. Beim Amtsgericht Köln sind 3226 und beim Amtsgericht Bonn 1259 solcher Erklärungen eingegangen. Dies bedeutet, daß im Großteil der Stadt Köln und des Landkreises Köln sowie im gesamten Stadt- und Landkreis Bonn mit Hilfe des Art. 8 für weniger als 2 % aller Ehen die Gütertrennung beibehalten worden ist, angesichts der Propaganda gegen das Gesetz ein für den Gesetzgeber erfreuliches Ergebnis.

Das alles ist m. E. nicht verwunderlich. Überall, wo man geordnete Ehe- und Familienverhältnisse antrifft – erfreulicherweise kommt dies häufiger vor, als die bekanntgewordenen Ehe- und Erbstreitigkeiten es vermuten lassen –, rechnet man damit, daß man sich auch in Zukunft vertragen wird. Dies gilt vor allem für den Fall der Eheauflösung durch den Tod. Gerade hier ist es halt vielfach üblich, daß nach dem Tode eines Elternteils der Überlebende der Eltern jahrelang, meist sogar auf Lebenszeit ungestört so, als wäre er Alleinerbe, im Besitz des vom Erstverstorbenen hinterlassenen Nachlasses bleibt. Nicht selten kennen die Beteiligten lange Zeit nicht einmal ihre Erbquoten. Erst wenn aus irgendeinem Grunde Streit entsteht, gewinnen die Ansprüche gegen den Nachlaß und die Nachlaßbeteiligung an Interesse. Erst dann kommt es darauf an, daß das Gesetz eine vernünftige Ordnung enthält, insbesondere, daß die Witwe und Mutter vom Gesetz so bedacht ist, daß sie der Sorgen einigermaßen enthoben ist.

## *III. Einzelprobleme*

Wiewohl ich der Meinung bin, daß die ehegüterrechtlichen Vorschriften des Gleichberechtigungsgesetzes im großen und ganzen das Richtige treffen, so bin ich mir doch klar darüber, daß das Gesetz einige Schwächen hat und daß es eine Reihe von Fällen gibt, auf die das Gesetz nicht paßt, die, weil es sich ihrer nicht auch noch annehmen kann, der Ordnung durch Vertrag unter Lebenden oder durch Verfügung von Todes wegen bedürfen.

### 1. Die Problematik der Verfügungsbeschränkungen

Zu den, wenigstens zum Teil, mißlungenen Vorschriften des neuen Güterrechts gehören diejenigen über die Verpflichtungsgeschäfte zur Verfügung über das Vermögen im ganzen und die Verfügung über Haushaltsgegenstände (§§ 1365, 1369). Sie beeinträchtigen die Sicherheit des Rechtsverkehrs[85]. § 1365 kann, wie schon erwähnt, vor allem die Übergabeverträge und die Geschäftsveräußerungen betreffen, wenn der Vertragsgegenstand das Vermögen im ganzen darstellt, aber auch die Bestellung eines Nießbrauchs am Vermögen und die Einbringung des ganzen Vermögens in eine Gesellschaft; § 1369 erfaßt den Verkauf und den Tausch von Haushaltsgegenständen wie auch die Sicherungsübereignung von Hausrat. Hier bedarf es einer nicht geringeren Aufmerksamkeit des „Dritten". Ein in neuem gesetzlichem Güterstand lebender Ehegatte wird den Verkauf oder den

[85] Vgl. hierzu auch *Tiedau*, MDR 1958, 378 ff.; Lichtermann, Der Betrieb 1959, 163 f.; Lorenz JZ 1959, 105 ff.

Tausch von Gegenständen des Hausrats wie auch die Sicherungsübereignung solcher Gegenstände in der Regel nur noch mit Zustimmung des anderen Ehegatten vornehmen können. Aber hier vermag der „Dritte“ immerhin noch am Objekt des Geschäfts dessen Problematik zu erkennen. Mehr Unannehmlichkeiten wird die Praxis mit der Vorschrift über die Verpflichtungs- und Verfügungsfähigkeit über das Vermögen eines Ehegatten „im ganzen“ erleben. Es ist nämlich sehr die Frage, ob das Rechtsgeschäft *ausdrücklich* „das Vermögen im ganzen“ betreffen muß oder ob es genügt, daß die einzelnen Gegenstände des Geschäfts tatsächlich das „wesentliche“ Vermögen des betreffenden Ehegatten ausmachen. Nur wenn man hoffen darf, daß die Praxis die vom Reichsgericht zu § 419 BGB entwickelte subjektive Theorie übernehmen wird, entstehen keine besonderen Probleme, da es bei Veräußerung einzelner Gegenstände dann nur darauf ankommt, ob der Dritte Kenntnis davon hat, daß die Gegenstände das ganze oder nahezu das ganze Vermögen darstellen. Nach der anderen, der objektiven Theorie hingegen stünde nahezu jedes Verpflichtungs- und Verfügungsgeschäft über einen wertvolleren Gegenstand oder eine Mehrheit solcher Gegenstände, etwa ein Haus oder ein Aktienpaket, unter einem Damoklesschwert. Der Dritte müßte sich bei jedem der in Betracht kommenden Geschäfte ganz zuverlässig verkundigen, ob die Geschäftsgegenstände das ganze oder wesentliche Vermögen seines (im gesetzlichen Güterstande lebenden) Geschäftspartners darstellen. Dies gilt wohlgemerkt auch für Belastungen, was insbesondere den Grundstücksverkehr nicht gerade erleichtern dürfte.

Die Frage, ob die Rechtsprechung die vom Reichsgericht zu § 419 BGB entwickelte subjektive Theorie bei der Anwendung des § 1365 BGB übernehmen wird, läßt sich schon deswegen nicht auch mit nur einiger Sicherheit beantworten, weil der Gesetzeszweck, der Tatbestand und die Rechtsfolgen in beiden Bestimmungen durchaus verschieden sind. § 419 BGB soll verhindern, daß die Gläubiger des Veräußerers ihr Haftungssubstrat verlieren, und steht so neben den Vorschriften des Anfechtungsgesetzes und den §§ 29 ff. KO; § 1365 BGB dagegen hat einmal den Sinn, zu verhindern, daß der Ausgleichanspruch des anderen Ehegatten vereitelt oder wesentlich beeinträchtigt wird, und bezweckt außerdem, daß die Vermögensgrundlage der Ehe und der Familie gegenüber egoistischen oder leichtfertigen Geschäften tunlichst gesichert bleiben soll. § 419 BGB betrifft nur den Fall der Vermögensübernahme, der Veräußerung, während § 1365 BGB n. F. sich auch auf sämtliche Belastungen erstreckt. Die letztere Vorschrift ist daher viel eher mit § 1444 BGB a. F. zu vergleichen, der sie auch nachgebildet ist (so ausdrücklich Reg.-Entwurf, Begründung zu § 1372). Eine Gemeinsamkeit besteht freilich darin, daß sowohl § 419 BGB als auch § 1365 BGB den Geschäftspartner des Verfügenden und damit den Rechtsverkehr gefährden – aber dies doch wieder in sehr unterschiedlicher Weise: hier die Unsicherheit des Rechtserwerbs, dort die Haftung für die Schulden des Veräußerers; daß die erstgenannte Rechtsfolge weit schwerwiegender ist als die zweitgenannte, brauche ich nicht zu betonen, wird doch auf diese Weise ein gutgläubiger Erwerb ausgeschlossen[85a] und kann allenfalls bei der Weiterveräußerung an einen Dritten ein gutgläubiger Erwerb des Dritten deshalb zustande kommen, weil dieser an das Eigentum seines Veräußerers glaubt. Es liegt auch nahe, entsprechend der Verschiedenheit der Schutzgedanken bei der Anwendung des § 1365 BGB weit weniger verkehrsfreundlich zu sein, als es die h. M. zu § 419 BGB heute und seit längerer Zeit auf dem Boden der subjektiven Theorie ist. Denn einmal ließe sich etwa sagen, daß die in § 419 BGB angeordnete Haftung für fremde Schulden[86] den Erwerber, grundsätzlich gesehen, stärker trifft, als die (schwebende) Unwirksamkeit des Verfügungs- oder gar des Verpflichtungsgeschäfts, so daß die Rücksichtnahme auf das Verkehrsinteresse bei § 1365 nicht so dringend sei. Daneben könnte man sich vielleicht auch auf die besondere Schutzwürdigkeit des Ausgleichsanspruchs und der Vermögensgrundlage der Ehe und Familie berufen, zumal doch dem Familienrechtsausschuß des Bundestags der Gedanke einer realen Vermögensgemeinschaft sehr nahegelegen hat und eine solche Lösung vorwiegend aus Praktikabilitätsgründen verworfen worden ist. Ich will damit keineswegs sagen, daß die Argumentationen in der Sache zutreffen, aber sie liegen doch nicht fern und zeigen zumindest, daß die ganz verschiedenen rationes der beiden Vorschriften eine reibungslose Übernahme der Rechtsprechungsergebnisse zu § 419 BGB nicht als auch nur einigermaßen sicher erscheinen lassen.

Hinzu kommt, daß die subjektive Theorie bei § 419 BGB keineswegs so außer jedem Streit steht, wie es bisweilen dargestellt wird. Dies hat seinen Grund im wesentlichen darin, daß die schon im Gesetzgebungsverfahren nicht ganz durchdachte Vorschrift später durch die Rechtsprechung: „einen Inhalt erfahren (hat), der sich von ihrem ursprünglichen Zweck und ihrem Wortlaut weit entfernt“[87]. Das Reichsgericht zeigt in seiner Rechtsprechung,

[85a] Herrschende Meinung vgl. *Krüger-Breetzke-Nowack,* GleichberG § 1365 Anm. 3. A. A. Frank NJW 1959, 135 ff.

[86] Auch bei entgeltlichem Erwerb; vgl. RGZ 148, 265.

[87] So *Laue* AcP 146, 1941, 156 mit weiteren Nachweisen.

nachdem es bis zum ersten Weltkrieg im wesentlichen die objektive Theorie vertreten hatte[88], nach der das Bewußtsein der Vermögensübernahme nicht erforderlich ist, erstmalig in RGZ 123, 52 ausdrücklich einige Zweifel an dieser Auffassung. Das Urteil vom 4. 11. 1931 (RGZ 134, 121) bringt dann die Wende zur subjektiven Theorie, indem es ausführt (125):

„Zum Tatbestand des § 419 BGB gehört vielmehr mindestens bei der Übertragung einzelner Gegenstände, daß der Erwerber die Verhältnisse des Verkäufers kennt und daß nach diesen ihm bekannten Verhältnissen das ganze oder so gut wie das ganze Vermögen mit den überlassenen Gegenständen auf ihn übergeht."

Das Reichsgericht stellte es in dieser Entscheidung im übrigen wesentlich darauf ab, daß es sich um die Veräußerung eines Grundstücks handelte, welches das Vermögen des Veräußerers ausmachte, und daß die objektive Theorie in solchen Fällen zu einer „unerträglichen Belastung des Grundstücksverkehrs" führen würde. Die weiteren einschlägigen Entscheidungen halten überwiegend an dieser Linie fest, wenngleich mit gewissen Abweichungen in der Formulierung[89]. Daneben stehen allerdings auch Entscheidungen, die der Sache nach die objektive Theorie vertreten[90]. In dem Urteil JW 1937, 2037 endlich schlägt das Reichsgericht einen Mittelweg ein, indem es nur dann, wenn das Vermögen lediglich aus einem Gegenstand besteht, das Bewußtsein verlangt.

Kaum einheitlicher ist die Rechtsprechung der Oberlandesgerichte, und zwar auch in neuerer Zeit. Einige verlangen das Wissen oder sogar die Absicht, daß es sich um das ganze Vermögen handelt, nur bei der Übertragung eines einzelnen Gegenstandes[91], andere auch dann, wenn mehrere Gegenstände übertragen worden sind[92]. Schließlich stellen es manche Gerichte auf das „Bewußtsein der Beteiligten" ab[93], manche nur auf das Bewußtsein des Übernehmers[94]. In den letzten Jahren hat sich das OLG München[95] für die subjektive Theorie ausgesprochen, während das OLG Braunschweig[96] und das OLG Schwerin[97] der objektiven Theorie folgen.

[88] RGZ 69, 283; RGZ 85, 168; anders freilich schon RGZ 76, 4.
[89] RGZ 154, 370; 160, 7.
[90] HRR 1929 Nr. 1569; 1931 Nr. 36.
[91] KG LZ 1930, 1396.
[92] *Hans.* OLG HRR 1928 Nr. 602; OLG Karlsruhe JW 1930, 1509.
[93] z. B. OLG Karlsruhe a. a. O.
[94] LG. Karlsruhe JW. 1929, 2069; vgl. auch RG JW 1932, 724; JW 1937, 2037.
[95] MDR 1953, 41.
[96] MDR 1950, 350.
[97] NJ 1952, 37.

Diese Rechtsunsicherheit, die übrigens für alle Voraussetzungen des § 419 BGB charakteristisch ist[98], läßt sich nun sicher bei dieser Bestimmung schon deswegen viel eher vertreten als bei § 1365 BGB n. F., weil § 419 BGB lange nicht so häufig praktisch wird als es für § 1365 der Fall sein dürfte. Der typische Fall des § 419 BGB ist doch, abgesehen von Übergabeverträgen u. dgl., daß der Vermögensinhaber, der bereits notleidend geworden ist, sein Vermögen und besonders seine letzten großen Vermögensstücke abstößt, um auf diese Weise zu Geld zu gelangen, und daß seine Gläubiger sich nunmehr an den Erwerber halten wollen. Diese relativ seltenen Fälle lassen sich zudem vielfach auch mit Hilfe des Anfechtungsgesetzes oder der Anfechtungsvorschriften der Konkursordnung oder sogar der §§ 138, 826 BGB einigermaßen befriedigend lösen. Dabei mögen auch Billigkeitserwägungen für die Abgrenzung zwischen Gläubigerschutz und Erwerberschutz zu Recht eine Rolle spielen. Demgegenüber wird es viel häufiger praktisch werden, daß ein Ehegatte etwa ein Grundstück oder ein Wertpapierdepot, ein Sparguthaben oder andere wertvolle Gegenstände veräußert oder auch nur verpfändet und der betreffende Gegenstand oder Gegenstandsinbegriff sein wesentliches Vermögen ausmacht. Da der Dritte aber bei solchen Geschäften zumeist gar nicht weiß, in welchen Vermögensverhältnissen sich sein Vertragspartner befindet, muß er praktisch bei jedem Geschäft von einiger wirtschaftlicher Bedeutung mit einer ihm nicht näher bekannten Person sorgfältige und umständliche Erkundigungen und Nachforschungen anstellen, um sich zu sichern –, dies jedenfalls so lange, bis der Bundesgerichtshof sich möglicherweise auf den Standpunkt der subjektiven Theorie stellt, was aber durchaus nicht gewiß ist. Im Grunde werden so, da § 1369 BGB n. F. für die Gegenstände des ehelichen Haushalts eine Parallelbestimmung trifft, nahezu sämtliche Verpflichtungs- und Verfügungsgeschäfte außerhalb des gewöhnlichen Geschäftsverkehrs eines Unternehmens sowie außer den Geschäften des täglichen Hausbedarfs von den Verfügungsbeschränkungen bedroht sein.

Wie ungeeignet übrigens die Bezugnahme auf § 419 BGB für die Auslegung und Anwendung des § 1365 BGB n. F. ist, zeigt endlich auch das Problem der sukzessiven Vermögensübertragung. Nach durchaus h. M. soll § 419 BGB bekanntlich auch in dem Fall angewandt werden, in dem der Veräußerer sein Vermögen nach und nach und sogar an verschiedene Personen überträgt[99]. Diese Ansicht führt auch bei § 419 BGB zu einigermaßen

[98] Vgl. dazu *Laue*, a. a. O.

[99] RGZ 123, 52; RG JW 1928, 1345; *Staudinger-Werner* a. a. O. § 419 Anm. I 2; *Oertmann*, 5. Aufl. 1928, § 419 Anm. 6 b; *Enneccerus-Lehmann* a. a. O.

tragbaren Ergebnissen, da die Haftung ja auf das Übernommene beschränkt ist (§ 419 Abs. 2). Wie soll es sich aber bei § 1365 BGB gestalten? Sollen alle Geschäfte zustimmungsbedürftig sein (oder vielleicht sogar später werden) oder nur die letzten, mit denen die Verpflichtungen oder Verfügungen über das Vermögen abschließen? Man sieht, wie schwer es auch hier wieder ist, die Parallele zu § 419 BGB zu ziehen.

Auch die praktischen Erfahrungen mit § 1444 BGB zeigen, mit welchen Schwierigkeiten allein der Grundstücksverkehr, auch abgesehen von den Zweifelsfällen der Übertragung nur eines oder einzelner Gegenstände, zu kämpfen haben wird. Da ja grundsätzlich bei keinem Grundstücksgeschäft, sei es Veräußerung oder Belastung, feststeht, ob es sich nicht um die Ausführung eines Verpflichtungsgeschäfts nach Maßgabe des § 1365 Abs. 1 handelt, müßte, wie bisher schon im Rahmen des § 1444 BGB[100], der Grundbuchbeamte in allen Fällen durch Vorlegung des zugrundeliegenden schuldrechtlichen Geschäfts den Nachweis verlangen, daß die Verfügung nicht zum Zweck der Erfüllung einer das Vermögen des Ehegatten im Ganzen betreffenden Verpflichtung erfolgt[101]. Hier ist noch besonders die Entscheidung des Bayr. ObLG HRR 1935 Nr. 1314 erwähnenswert, nach der der Grundbuchrichter diesen Nachweis selbst dann verlangen soll, „wenn kein besonderer Anlaß zur Vermutung eines der Ausnahmefälle (der §§ 1444–1446 BGB) vorliegt“[102].

Nach alledem besteht die Gefahr, daß die Praxis bei der Anwendung der §§ 1365, 1369 BGB n. F. erhebliche Schwierigkeiten erleben wird. Weit mehr als bisher wird es notwendig sein, bei Geschäftsveräußerungen und der Veräußerung und Belastung von Grundstücken, sogar bei Erbauseinandersetzungen, die ein Ehegatte vereinbart, den anderen Ehegatten zuzuziehen und diesen die Zustimmung zu dem Geschäft erklären zu lassen, allein, um die Ausführung des Geschäfts nicht zu verzögern. Hierbei muß man sich darüber klar sein, daß eine Überspannung der Anforderungen durch die Gerichte, sogar schon die mangelnde Einfühlung in die Erfordernisse des Lebens den neuen Güterstand allein durch die Verfügungsbeschränkungen

[100] Vgl. dazu *Güthe-Triebel* GBO 6. Aufl. 1936, § 33 Anm. 20.

[101] Vgl. KGJ 23 A 130 = OLG 3, 388.

[102] vgl. auch *Brand-Schnitzler,* Die Grundbuchsachen in der gerichtlichen Praxis, 9. Aufl. 1957, S. 515. Erstaunlicherweise wird in der neuen Auflage bei der Erörterung des § 1365 BGB n. F. zu den hier behandelten Problemen in keiner Weise Stellung genommen mit Ausnahme des Satzes, es könne die sich aus § 1365 ergebende Einschränkung ... natürlich „dadurch vereitelt werden, daß ein Ehegatte seine besonders wertvollen Vermögensstücke (also vor allem grundbuchliche Rechte) einzeln veräußert“. Siehe a. a. O., S. 514.

diskreditieren kann. In den Monaten Mai und Juni 1958 ist es manchem Unternehmer gelungen, allein mit dem Hinweis auf die Verfügungsbeschränkungen seinen Ehepartner von der Notwendigkeit der Beibehaltung der Gütertrennung zu überzeugen.

### 2. Die sich aus § 1371 Abs. 2 BGB n. F. ergebenden Auslegungsschwierigkeiten

Nach dem Inkrafttreten des Gleichberechtigungsgesetzes ist sodann eine weitere schwache Stelle des Gesetzes sichtbar geworden. Es handelt sich um eine Meinungsverschiedenheit, die gerade dem beratenden Juristen die Arbeit recht erschwert, ja von der her eine gefährliche Rechtsunsicherheit droht. Es handelt sich um die Auslegung des § 1371 Abs. 2. Die Vorschrift lautet:

„Wird der überlebende Ehegatte nicht Erbe und steht ihm kein Vermächtnis zu, so kann er Ausgleich des Zugewinns nach den Vorschriften der §§ 1373 bis 1383, 1390 verlangen; der Pflichtteil des überlebenden Ehegatten oder eines anderen Pflichtteilsberechtigten bestimmt sich in diesem Falle nach dem nicht erhöhten gesetzlichen Erbteil des Ehegatten."

Es fragt sich hier, worauf sich der zweite Halbsatz bezieht, ob er auf die Rechtsvoraussetzungs- oder die Rechtsfolgebestimmung des ersten Halbsatzes abstellt, m. a. W. ob der überlebende Ehegatte den nach dem nicht erhöhten gesetzlichen Erbteil ermittelten Pflichtteil, der sich neben Abkömmlingen auf 1/8, neben Eltern und deren Abkömmlingen und neben Großeltern auf 1/4 des Nachlaßwertes beziffert, also den sogenannten kleinen Pflichtteil schon dann nur verlangen kann, wenn er weder Erbe noch Vermächtnisnehmer ist, oder ob die Reduzierung seines Pflichtteilsanspruchs auf den kleinen Pflichtteil außerdem voraussetzt, daß er den Zugewinnausgleichsanspruch geltend macht.

Käme zur Verweisung des überlebenden Ehegatten auf den kleinen Pflichtteil es nur darauf an, daß er weder Erbe noch Vermächtnisnehmer ist, dann könnte ihn sein Ehepartner bei fehlendem ausgleichungspflichtigem Zugewinn dadurch um alle Vorteile der neuen, in Abs. 1 des § 1371 BGB enthaltenen Regelung bringen, daß er ihn von der Erbfolge ausschließt und ihm auch nichts vermacht, während ein noch so unbedeutendes Vermächtnis den überlebenden Ehegatten in die Lage versetzte, über die Geltendmachung des Pflichtteilsvervollständigungsanspruchs neben Abkömmlingen ein Viertel des Nachlaßwertes und neben Eltern, Geschwistern usw. drei Achtel des Nachlaßwertes zu erhalten.

Der Auffassung, die den Verwitweten grundsätzlich den großen Pflichtteil beläßt, haben im Schrifttum besonders Heinrich Lange[103], Müller-Freienfels[104], Braga[105], Beitzke[106], Haegele[107], Rittner[108] und – freilich nicht ohne Einschränkungen – auch Gustav Boehmer[109] mit mehr oder weniger eingehender Begründung vertreten. Demgegenüber wollen andere dem überlebenden Ehegatten in jedem Falle nur den kleinen Pflichtteil zubilligen. Auf dieser Seite stehen vor allem die zuständigen Ministerialreferenten: Maßfeller[110], Reinicke[111] und Finke[112]; ihnen folgen größtenteils die bisherige Kommentarliteratur[113] und Bärmann [114]. Der Frontverlauf ist, wie mir scheint, nicht ganz zufällig. Man könnte daraus entnehmen, daß diejenigen, welche sich unvoreingenommen mit dem neuen Recht beschäftigt haben, – zum größten Teil unabhängig voneinander – vorwiegend zu Vertretern der einen Ansicht geworden sind, während das andere Lager unter der Führung der Referenten steht, bei deren Urteil die eigene Mitarbeit am Gesetz und die damit verbundenen besonderen Kenntnisse und Vorstellungen – bewußt oder unbewußt – mitschwingen. Der Eindruck verstärkt sich, wenn man auf die Art und Weise der Argumentation schaut: während etwa Boehmer und Rittner sich der systematischen und teleologischen, teils auch der philologischen und historischen Auslegungsmethoden bedienen, berufen sich Maßfeller und Reinicke vornehmlich auf die Entstehungsgeschichte und den angeblich daraus ersichtlichen „Willen des Gesetzgebers".

Was die Entstehungsgeschichte betrifft, so sei es, nachdem sie in unserer Frage bei einigen Autoren allmählich zur Alleinherrschaft zu gelangen droht, erlaubt, einmal mit Nachdruck darauf hinzuweisen, daß die Gesetzes-

103 NJW 1958, 288.
104 JZ 1957, 689,
105 FamRZ 1957, 338.
106 Familienrecht 6. Aufl. S. 69.
107 Justiz 1957, 340.
108 DNotZ 1958, 181.
109 NJW 1958, 524.
110 Betrieb 1957, 624 zu Ziff. 7, Betrieb 1958, 563; *Maßfeller-Reinicke* Gleichberechtigungsgesetz § 1371 Anm. 9.
111 NJW 1957, 892; NJW 1958, 121 und 932 ff; Betriebsberater 1958, 575 ff.
112 JR 1957, 163; bei *Erman*, Gleichberechtigungsgesetz, § 1371 Anm. 6.
113 *Erman-Bartholomeyczik*, Gleichberechtigungsgesetz, § 2303 Anm. 3 b; *Palandt-Rechenmacher* § 2303 Anm. 2 b; *Palandt-Lauterbach* § 1371 Anm. 4 und 5; *Breetzke* in *Krüger-Breetzke-Nowack*, Gleichberechtigungsgesetz § 1371 Anm. 5 und 8; außerdem *Hampel* FamRZ 1958, 162.
114 AcP 157 (1958) 188. Eine vorzügliche Gegenüberstellung der Meinungen bringt *Hampel* FamRZ 1958, 162 ff. Dieser folgt im wesentlichen auch den Ministerialreferenten.

materialien nur ein Moment für die Auslegung unter mehreren sind[115], daß, um mit Engisch[116] zu sprechen, „die Materialien nur Hilfsmittel sein sollen zur Erkenntnis dessen, was man sich bei der Abfassung des Gesetzes gedacht hat“, daß die Materialien, wenn sie für die Interpretation herangezogen werden, „mit der gebotenen Vorsicht benutzt werden“ müssen[117] und daß der Wert der einzelnen bei der Gesetzentstehung gefallenen Äußerung in concreto sorgfältig abgeschätzt werden muß, weil sie „nach der Bedeutung des Gesetzgebungsfaktors, von dem sie ausgehen, nach ihrer näheren oder weiteren Beziehung zum entscheidenden Gesetzgebungsakte und nach dem Einfluß, den sie übten, sowie nach der geistigen Kraft, die sich in ihnen offenbart, durchaus verschieden sein können“[118]. Dies alles gilt übrigens schon nach der heute noch vorherrschenden subjektiven Auslegungstheorie[119]. Noch viel weniger ist die objektive Theorie geeignet, den Gesetzesmaterialien ausschlaggebende Beachtung zukommen zu lassen. So sagt etwa das Bundesverfassungsgericht[120]:

„Maßgebend für die Auslegung einer Gesetzesvorschrift ist der in dieser zum Ausdruck kommende objektivierte Wille des Gesetzgebers, sowie er sich aus dem Wortlaut der Gesetzesbestimmung und dem Sinnzusammenhang ergibt, in den diese hineingestellt ist; nicht entscheidend ist dagegen die subjektive Vorstellung der am Gesetzgebungsverfahren beteiligten Organe oder einzelner ihrer Mitglieder über die Bedeutung der Bestimmung. Der Entstehungsgeschichte einer Vorschrift kommt für die Auslegung nur insofern Bedeutung zu, als sie die Richtigkeit einer nach den angegebenen Grundsätzen ermittelten Auslegung bestätigt oder Zweifel behebt, die auf dem angegebenen Wege allein nicht ausgeräumt werden können.“

In diesem Sinne, also auch einer mehr objektiven Auffassung Raum gebend, hat sich auch der bayrische Verfassungsgerichtshof in mehreren Entscheidungen geäußert[121].

Und selbst wenn man sich entschließt, die von Maßfeller und Reinicke berufenen Stellen der Materialien gegenüber dem Wortlaut der Vorschrift und ihren systematisch-teleologischen Zusammenhängen derart überzubewerten, auch außer Acht zu lassen, daß es sich bei den fraglichen Stellen im Ausschußbericht lediglich um eine wörtliche Wiederholung der (privaten) Arbeit von Maßfeller und Reinicke im Bundesanzeiger Nr. 154 vom 10. 8.

[115] *Enneccerus-Nipperdey*, Allgemeiner Teil § 56 II.
[116] Einführung in das juristische Denken 1956 S. 95.
[117] *Enneccerus-Nipperdey* § 55 II hinsichtlich der Materialien zum BGB;
[118] *Enneccerus-Nipperdey* § 55 I 3; vgl. auch *Reinicke* NJW 1955, 1380.
[119] Vgl. *Enneccerus-Nipperday* § 54 II; zu dem Theorienstreit siehe nunmehr auch *Engisch* a. a. O., S. 95 f. der in ihm ein endgültig nie lösbares Problem sieht.
[120] Urteil vom 21. 5. 1952, BVerfGE 1, 301 = NJW 1952, 737 = JZ 1952, 419.
[121] Vgl. den Bericht von *Diller* JZ 1956, 720.

1956 handelt, was doch allein schon den Wert nicht unwesentlich mindert, weil es eben zeigt, daß es im Grunde nur Ausführungen der Ministerialreferenten sind, die der Ausschuß in Bausch und Bogen, ohne sie an einer Stelle zu ändern – also wohl aus Gründen der Arbeitersparnis – einfach übernommen hat, selbst wenn man also alle diese Bedenken hintanstellt und die Stellen des Berichts ganz für sich nimmt, zeigt sich, wie wenig sie im Grunde besagen. Wohl scheinen die von Maßfeller[122] und Reinicke[123] wiedergegebenen Sätze des Berichts für ihre Ansicht zu sprechen. Beide Autoren haben jedoch folgende an anderer Stelle des Berichts stehenden Sätze übersehen, die erkennen lassen, daß es der Ratio des Gesetzes eben doch entspricht, nur dem Ehegatten, der den Zugewinnausgleich geltend macht, die Erhöhung des Pflichtteils wieder zu nehmen. Es heißt dort nämlich:

„Die Erhöhung des gesetzlichen Erbteils und die damit verbundene Erhöhung des Pflichtteils verwirklichen den Zugewinnausgleich. Wird der Zugewinnausgleich auf andere Weise verwirklicht, so muß es erbrechtlich bei der bisherigen Regelung bleiben.“ [124]

Demnach ist der Inhalt des Berichts zumindest nicht widerspruchsfrei und der Kronzeuge für die Maßfeller-Reinickesche Auffassung ergibt nicht mehr als allenfalls ein non liquet.

Jüngstens haben sich Maßfeller und Reinicke freilich bemüht, die von ihnen vertretene Ansicht auch rechtspolitisch zu begründen[125]. Sie argumentieren etwa folgendermaßen: Da das Gesetz dem Verwitweten die Möglichkeit gebe, die erbrechtliche Lösung abzulehnen und zum Zugewinnausgleich zurückzukehren, mußte es dem Erblasser dieselbe Wahlfreiheit zugestehen. Dies sei dadurch geschehen, daß es dem Erblasser gestattet sei, seinen Ehegatten voll zu enterben und ihm auch kein Vermächtnis zuzuwenden, so daß damit die güterrechtliche Lösung eintrete, bei der ja auch die Pflichtteilserhöhung keinen Platz mehr hat. Der Fehler dieses Gedankengangs liegt m. E. darin, daß, wenn der Gesetzgeber sich im Prinzip für die erbrechtliche Lösung entschied, es in der Natur der Sache liegt, daß auch jeder Ehegatte, unbeschadet dessen, was sich aus der Testierfreiheit ergibt, an der erbrechtlichen Lösung festhalten, d. h. mindestens den großen Pflichtteil verlangen kann. Das Korrelat zur Wahlfreiheit des überlebenden Ehegatten

[122] Betrieb 1958, 564 l. o.

[123] NJW 1958, 122 l. M.

[124] Diese beiden Sätze werden von *Reinicke,* Betriebsberater 1958, 577 nicht zitiert. Sie scheinen mir aber im Rahmen der Entstehungsgeschichte wichtig zu sein. Auf sie beziehen sich auch die von *Reinicke* a. a. O. beanstandeten Ausführungen von Rittner in DNotZ 1958, 187 ff.

[125] Betrieb 1958, 564, Betriebsberater a. a. O.

findet sich in der Testierfreiheit des Erstversterbenden. Nachdem man sich dazu entschlossen hatte, den Zugewinnausgleich nicht nur durch die Vergrößerung der gesetzlichen Erbportion, sondern auch durch die Vergrößerung des Pflichtteils abzugelten, liefe die Möglichkeit, sich des großen Pflichtteils durch die völlige Übergehung des überlebenden Ehegatten zu entledigen, darauf hinaus, den Erblasser auf einen Weg zu verweisen, den er erfahrungsgemäß nicht geht und auch nicht gehen soll. Wäre die Auffassung der Ministerialreferenten richtig, so ergäbe sich folgende Skala: Ein Ehemann, der seine Frau neben Abkömmlingen höchstens zu einem Viertel zur Erbin einsetzt, kann für diesen Erbteil wirksam keine Nacherbfolge und auch keine Testamentsvollstreckung anordnen. (§ 2306 Abs. 1.) Läßt er seiner Frau weniger, als dem Wert des großen Pflichtteils entspricht, zukommen, so liefert er seine Erben der Pflicht zur Vervollständigung des großen Pflichtteils (§ 2305) aus, selbst dann, wenn der Ehefrau ein völlig belangloses Vermächtnis zufällt. Nur wer seine Ehefrau kaltschnäuzig übergeht, sie also von der Erbfolge ausschließt und auch nicht mit einem Vermächtnis bedenkt, belastet seine Erben nur mit dem kleinen Pflichtteil, wenn ein ausgleichspflichtiger Zugewinn nicht vorhanden ist. Hier zeigt sich ein Bruch, den man nicht mit der Argumentation abtun kann, der Erblasser müsse das Recht haben, seinen Ehegatten auf den Zugewinnausgleich und den kleinen Pflichtteil zu verweisen, wenn dem Ehegatten es freistehe, die erbrechtliche Lösung abzulehnen und statt ihrer die güterrechtliche zu wählen. Hier wird halt übersehen, daß im Grunde das Recht des erstversterbenden Ehegatten, von der Norm abzuweichen, die Wahlfreiheit seines Ehepartners erfordert. Diese ist die Waffe, mit der er sich zur Wehr setzen kann, wenn der andere Teil sich schlecht benimmt. Daraus ergibt sich aber nicht die Notwendigkeit, dem erstversterbenden Ehegatten es zu ermöglichen, sich noch über die durch den großen Pflichtteil gezogene Grenze hinaus schlecht zu benehmen.

Obwohl, wie ich glaube, die schon von Heinrich Lange, Müller-Freienfels, Braga, Beitzke, Haegele und Rittner angeführten Gründe dafür sprechen, daß der überlebende Ehegatte im Falle des § 1371 Abs. 2 prinzipiell den großen Pflichtteil erhält, nötigt die nunmehr entstandene Rechtsunsicherheit den beratenden Juristen doch, Vorsorge dafür zu treffen, daß die für den Einzelfall getroffenen Regelungen gegen die aus der Kontroverse entstehenden Gefahren abgesichert werden. Denn nach Lage der Dinge läßt es sich nicht verantworten, wenn man der im Schrifttum überwiegenden Ansicht folgt, ohne die andere zu bedenken. Einem Erblasser, der in einer Verfügung von Todeswegen seinem Ehegatten zwar aus seinem Vermögen etwas, aber weniger als den großen Pflichtteil zuwenden will, muß man klarmachen, daß er, auch wenn er Zugewinnausgleichsansprüche nicht zu befürchten braucht, seine Erben durch solche Zuwendung dem großen Pflichtteil ausliefert, diese Folge aber möglicherweise vermeiden kann, wenn er für den Fall der Geltendmachung eines Anspruchs auf Pflichtteilsvervollständigung den Ehegatten sowohl von der Erbfolge als auch von einem Vermächtnis ausschließt.

### 3. Zugewinngemeinschaft und Unternehmer

Wenn ich mich nunmehr den Fällen zuwende, auf die das Gesetz nicht paßt, so denke ich in erster Linie an die Alleininhaber und Mitinhaber großer Unternehmen, insbesondere dann, wenn der Ehegatte des Inhabers im Betriebe nicht mitarbeitet und ohne Mitwirkung des Ehegatten ein ungewöhnlich großer Zugewinn entsteht oder entstehen kann.

Gerade in diesen Fällen kann für ein Unternehmen die Gefahr der Geltendmachung eines Zugewinnausgleichsanspruchs lebensbedrohender als die Gefahren sein, die sich aus der Verstärkung des Ehegattenerbrechts ergeben. Das wird besonders klar bei der Ehescheidung. Man braucht sich nur ein Unternehmen vorzustellen, dessen Aktiva sich auf 1 000 000,— DM, dessen Schulden sich auf 500 000,— DM und dessen Reinvermögen sich somit auf 500 000,— DM beziffert. Handelt es sich hierbei um ausgleichspflichtigen Zugewinn und hat nur der Unternehmensinhaber einen solchen Zugewinn, sind darüber hinaus noch stille Rücklagen und ein goodwill im Betrage von 200 000,— DM zu berücksichtigen, so muß der Unternehmer bei der Ehescheidung mit einer Gesamtverschuldung von 85 % des Buchwerts seines Aktivvermögens rechnen. Noch schlimmer kann dies werden, wenn im Falle des Todes des Unternehmers Zugewinnausgleichsansprüche und Pflichtteilsansprüche zusammentreffen. Dann kann im Beispielsfalle die Gesamtverschuldung auf nahezu 90 % des Buchwerts des Aktivvermögens steigen. Daß bei solcher Verschuldung die Kreditwürdigkeit in Frage gestellt ist, liegt auf der Hand.

In Anbetracht dessen, daß auch in Unternehmerkreisen recht wenig von der Möglichkeit Gebrauch gemacht worden ist, durch eine dem Art. 8 GleichberG genügende Erklärung die Zugewinngemeinschaft auszuschließen, wird es demnächst nicht an Versuchen fehlen, durch die Wahl besonderer Unternehmensformen und deren Ausgestaltung übermäßig hohe Zugewinnausgleichsansprüche zu vermeiden und auch für den Fall des Todes des Unternehmers dafür Vorsorge zu treffen, daß das Unternehmen oder eine Unternehmensbeteiligung überhaupt nicht Gegenstand des Nachlasses wird. Es ist schon die Frage gestellt worden, ob man diese Ziele dadurch erreichen kann, daß man das Unternehmen in eine offene Handelsgesellschaft oder eine Kommanditgesellschaft einbringt und vereinbart, ein Gesellschafter, der aus der Gesellschaft ausscheidet, solle nur den Buchwert seiner Beteiligung oder gar noch weniger erhalten, und im Falle des Todes eines Gesellschafters solle die Beteiligung des Verstorbenen sich nicht vererben, sondern auf Grund von im Gesellschaftsvertrag enthaltenen Abreden auf bestimmte Personen, zu denen der Ehegatte des Verstorbenen nicht gehört, übergehen [126].

[126] In andere Richtung zielt der Vorschlag *Boesebecks* (Betrieb 1958, 1149) der empfiehlt, in den Gesellschaftsvertrag einer mehrgliedrigen Kommanditgesellschaft folgende Bestimmungen aufzunehmen:

„Jeder Gesellschafter hat der Gesellschaft mitzuteilen, in welchem Güterstand er lebt. Falls er diese Mitteilungen nicht macht, haben ihn die (übrigen) persönlich haftenden Gesellschafter durch eingeschriebenen Brief mit einer Frist von mindestens 4 Wochen zur Abgabe der Mitteilung aufzufordern. Gibt er auch daraufhin die Mitteilung nicht ab, so muß er sich der Gesellschaft gegenüber so behandeln lassen, wie wenn er im Güterstand der Zugewinngemeinschaft lebte.

Lebt ein Gesellschafter im Güterstand der Zugewinngemeinschaft, so können ihm die persönlich haftenden Gesellschafter mit Zustimmung des Gesellschafterausschusses durch eingeschriebenen Brief mit einer Frist von mindestens drei Monaten nahelegen, die Zugewinngemeinschaft auszuschließen. Für den mit dieser Bestimmung verfolgten Zweck steht es dem Ausschluß der Zugewinngemeinschaft gleich, wenn der Gesellschafter die gegenwärtigen und künftigen Beteiligungen an der Gesellschaft sowie die bei der Gesellschaft geführten Konten, soweit sie nach den jeweiligen Bestimmungen des Gesellschaftsvertrages nicht entnahmefähig sind, von der Zugewinngemeinschaft ausnimmt.

Wird der Aufforderung des Abs. 2 nicht nachgekommen, so haben die persönlich haftenden Gesellschafter zu bestimmen, daß der betreffende Gesellschafter so zu behandeln ist, wie wenn er seinerseits den Gesellschaftsvertrag gekündigt hätte. Auf diese Folge ist in der Aufforderung, den Güterstand der Zugewinngemeinschaft zu ändern, ausdrücklich hinzuweisen."

Wenn eine solche Regelung nicht dazu mißbraucht wird, unmittelbar drohende Zugewinnausgleichsansprüche, etwa auch im Einvernehmen mit dem Zugewinnausgleichsschuldner, abzuwehren oder in ihrer Höhe zu beeinflussen, mögen sie ihren Zweck erreichen. Ihre praktische Bedeutung scheint mir aber sehr gering zu sein.

Keinem wesentlich beteiligten Gesellschafter wird man das Gesellschaftsverhältnis kündigen, weil er in der Zugewinngemeinschaft lebt und weil möglicherweise im Laufe der Zeit mit Zugewinnausgleichsansprüchen gerechnet werden muß. In solchem Falle wartet man lieber die weitere Entwicklung ab, anstatt das Unternehmen durch Auszahlung eines Auseinandersetzungsguthabens vorzeitig zu schwächen. Bislang war es ja auch nicht üblich, die Gesellschafter, namentlich die Kommanditisten in bezug auf ihre Privatschulden zu kontrollieren und etwa vorzusehen, daß einem solchen Gesellschafter nur wegen seiner Schulden der Stuhl vor die Tür gesetzt werden kann. Man hat sich wohl immer damit begnügt, für den Fall der Kündigung der Gesellschaft durch den Privatgläubiger des Gesellschafters

Was die Vereinbarung anbelangt, ein aus einer Gesellschaft ausscheidender Gesellschafter solle nur den Buchwert seiner Beteiligung oder noch weniger erhalten, so möchte ich es nicht in Abrede stellen, daß es bei solcher Abrede Fälle geben kann, in denen die Ermittlung des Zugewinnausgleichsanspruchs unter Außerachtlassung stiller Rücklagen und des Idealwerts des Unternehmens, unter Umständen sogar des Unterschieds zwischen dem Buchwert der Beteiligung und der vertraglich vorgesehenen Abfindung zu erfolgen hat, nämlich dann, wenn der Gesellschafter mit seinem baldigen Ausscheiden und einer geringen Abfindung rechnen muß. Wer aber der Beteiligung sich auf noch lange Zeit erfreuen kann, darum auch an den stillen Rücklagen und dem Idealwert teilnehmen wird, muß sich halt entgegenhalten lassen, daß der Wert der Beteiligung höher als die nie zu zahlende Abfindung ist, und daß die Abfindungsvereinbarung den Wert der Beteiligung nicht zu drücken vermag. Hier sollte die reichhaltige Rechtsprechung des Reichsfinanzhofs, des Bundesfinanzhofs und der Finanzgerichte zur Frage der Bewertung von Anteilen an Kapitalgesellschaften schrecken, deren Satzungen Veräußerungsbeschränkungen und Vorschriften über geringe Abfindungen ausscheidender Gesellschafter enthalten [127].

Schwierige Probleme ergeben sich immerhin in den Fällen, in denen der Gesellschaftsvertrag einer offenen Handelsgesellschaft oder einer Kommanditgesellschaft bestimmt, daß nach dem Tod eines Gesellschafters die Gesellschaft nicht mit den Erben des Verstorbenen fortgesetzt, sondern entschädigungslos oder gegen eine den vollen Wert des Gesellschaftsanteils nicht deckende Abfindung unter den übrigen Gesellschaftern fortbestehen oder mit einem Dritten fortgesetzt werden soll. Wie insbesondere Siebert im einzelnen dargetan hat, läßt die herrschende Meinung in Wissenschaft und Praxis solche Vereinbarungen als Rechtsgeschäft unter Lebenden zu und

(§ 135 HGB) sein Ausscheiden aus der Gesellschaft unter für diese tragbaren Bedingungen vorzusehen.

Ist der Gesellschafter unwesentlich beteiligt, so berührt die Zugewinngemeinschaft, in der er lebt, die Gesellschaftsinteressen in der Regel nicht. Hier kann man es erst recht darauf ankommen lassen, ob eines Tages Zugewinnausgleichsansprüche geltend gemacht werden. Beim unwesentlich beteiligten Gesellschafter, namentlich einer Gesellschafterin, sollte man auch bedenken, daß Zugewinnausgleichsschuldner sehr wohl der Ehegatte des Betroffenen sein kann. Zum Ausschluß eines solchen Gesellschafters aus der Gesellschaft besteht sicher kein Grund. Die von *Boesebeck* empfohlene Vorschrift würde es aber ermöglichen, sich seiner ebenso wie eines Gesellschafters, dessen Zugewinnausgleichsschulden die Gesellschaft in Verlegenheit bringen könnten, zu entledigen.

[127] Vgl. hierzu *Krekeler*, Bewertungsgesetz 6. Aufl., S. 88 RFH Urt. v. 14. Oktober 1937, III A 147 137 RStBl. 1937, 1223.

zwar mit der Maßgabe, daß der Erbe des Gesellschafters sie gegen sich gelten lassen muß [128]. Wenn nun etwa in einem derartigen Falle der Ehegatte des verstorbenen Gesellschafters gemäß § 1371 Abs. 1 – neben Abkömmlingen – zu 1/2 Erbe geworden ist, so liegt für ihn die Frage nahe, ob er seine Stellung als Erbe nicht besser mit der des Zugewinnausgleichsberechtigten und des Pflichtteilsberechtigten vertauschen soll. Was die Pflichtteilsberechtigung betrifft, so dürfte davon auszugehen sein, daß zwar bei der Berechnung des Pflichtteils, der ja Bestand und Wert des Nachlasses zur Zeit des Erbfalls zugrunde gelegt wird (§ 2311 BGB) nicht der Wert der Beteiligung sondern nur der Wert des Abfindungsanspruchs, der nach dem soeben Gesagten möglicherweise gleich Null ist, berücksichtigt wird. Darüber hinaus steht aber dem Pflichtteilsberechtigten ein Pflichtteilsergänzungsanspruch zu [129]. Dies ergibt sich daraus, daß die fraglichen Bestimmungen des Gesellschaftsvertrages als unentgeltliche Zuwendungen zu werten sind, die regelmäßig auch nicht einer sittlichen Pflicht oder einer auf den Anstand zu nehmenden Rücksicht entsprechen (§ 2330). Gegenteiliges folgt nicht aus dem Umstand, daß die Zuwendung des Gesellschaftsanteils u. U. auf einem Vertrag zugunsten Dritter beruht [130]. Für den Pflichtteilsergänzungsanspruch ist aber der volle Wert des Abschichtungsanspruchs als Nachlaßwert anzusetzen, einschließlich des „inneren Wertes“ [131].

Dieselben Überlegungen gelten auch für den Zugewinnausgleichsanspruch. Nach § 1375 Abs. 2 Ziffer 1 ist dem Endvermögen u. a. der Betrag hinzuzurechnen, um den dieses Vermögen dadurch vermindert ist, daß ein Ehegatte nach Eintritt des Güterstandes unentgeltliche Zuwendungen gemacht hat, sofern sie nicht einer sittlichen Pflicht oder einer auf den Anstand zu nehmenden Rücksicht entsprochen haben. Der überlebende Ehegatte kann demnach, trotz der angeführten gesellschaftsrechtlichen Bestimmung, so oder so verlangen, daß der volle Wert der Beteiligung zu seinen Gunsten berücksichtigt wird.

[128] Vgl. *Siebert,* Gesellschaftsvertrag und Erbrecht bei der offenen Handelsgesellschaft, Heft 13 der Schriftenreihe Juristische Studiengesellschaft Karlsruhe mit ausführlichen Literaturangaben; daneben *Siebert,* NJW 1955, 809; derselbe BB 1956, 835; *Reinicke,* NJW 1957, 561; Zunft NJW 1957, 1129; *Tiedau,* MDR 1957, 641. Über den neuesten Stand von Schrifttum und Rechtsprechung unterrichtet *Tiefenbacher,* BB 1958, 565 ff.

[129] Vgl. *Buchwald* AcP 154, Note 15; *Siebert* Gesellschaftsvertrag und Erbrecht S. 11;

[130] Vgl. *Staudinger-Geiler* § 728 Anm. III; *Planck-Greiff* § 2325 Anm. 2a, 2. Abs. RGRK BGB 10. Aufl. § 2325 Anm. 3; RGZ 171, 345 (353).

[131] *Erman-Bartholomeyczik* § 2311, Anm. 2; RG DR 1940, 1635; OLG Naumburg; DJZ 1936, 1179.

Diese Lösung entspricht – hinsichtlich des Pflichtteilsergänzungsanspruchs sowohl wie hinsichtlich der Zurechnungsvorschrift des § 1375 – durchaus den Grundgedanken des Gesetzes: der Ehegatte, der den Zugewinnausgleich beansprucht, soll ebensowenig durch gesellschaftsrechtliche Abmachungen – ganz oder zum Teil – um seinen Anteil am Vermögen des anderen gebracht werden, wie der Pflichtteilsberechtigte um den ihm gebührenden Anteil am Wert des Erblasser-Vermögens. Hier muß Gesellschaftsrecht vor dem Erbrecht und dem Ehegüterrecht haltmachen. Diese Rechtslage zwingt selbstverständlich die Gesellschafter von Personengesellschaften, in deren Verträgen solche Bestimmungen enthalten sind, dafür Sorge zu tragen, daß einmal Gesellschaftsrecht, Erbrecht und Ehegüterrecht im einzelnen Falle kongruent sind, und daß weiter Gefahren, die aus verhältnismäßig hohen Geldansprüchen des überlebenden Ehegatten aus der Pflichtteils- oder Zugewinnausgleichsberechtigung – den Erben drohen, vermindert oder abgewendet werden. Die erste Frage bedarf in jedem einzelnen Falle sorgfältiger Überlegung, so daß an dieser Stelle mit allgemeinen Hinweisen nicht gedient wäre. Das andere Problem kann wohlgemerkt durch gesellschaftsrechtliche Vereinbarung nicht gelöst werden, da der Gesellschaftsvertrag eben die Position der Pflichtteils- und Zugewinnausgleichsberechtigten niemals – weder durch Fortsetzungs- oder durch Bewertungsbestimmungen – endgültig beeinträchtigen kann.

## 4. Möglichkeiten der Korrektur des Güterstandes

Dies leitet zu der Frage über, inwieweit Korrekturen durch Vereinbarungen der Eheleute möglich sind[132]. Zweifellos stellt die Vereinbarung der reinen Gütertrennung, bei den vor der Verkündung des Gleichberechtigungsgesetzes eingegangenen Ehen auch die von einem der Ehegatten gemäß Art. 8 Ziff. 3 dieses Gesetzes abgegebene Erklärung, den radikalen Weg dar, der zur Aufrechterhaltung des bisherigen Zustandes führt. So weit braucht man aber nicht zu gehen. Vielfach wird es genügen, die Zugewinngemeinschaft zu modifizieren. Modifikationen sind in vielfältiger Weise möglich. Es können z. B. die Verfügungsbeschränkungen in bezug auf das ganze Vermögen eines Ehegatten und in bezug auf die Haushaltsgegenstände beseitigt werden. Die Quote, mit der ein Ehegatte am Zugewinn des anderen beteiligt sein soll, kann niedriger als das Gesetz es bestimmt, festgesetzt werden, etwa auf ein Drittel oder ein Viertel. Es kann ein Höchstbetrag vereinbart werden, über

[132] Hierüber habe ich mich in DNotZ 1957, 451 ff. eingehend geäußert. Ich darf mich darum insoweit auf die Mitteilung der erarbeiteten Ergebnisse beschränken.

den hinaus ein Ehegatte am Zugewinn des anderen nicht beteiligt sein soll. Die Vereinbarung kann auch zum Inhalt haben, daß bestimmte Gegenstände oder Gruppen von Gegenständen, z. B. ein Erwerbsgeschäft, eine Mitunternehmerbeteiligung oder ein Aktienpaket, bei der Ermittlung des Anfangs- und des Endvermögens außer Ansatz bleiben, oder daß die Gegenstände des Anfangs- und des Endvermögens nach anderen als den im Gesetz vorgesehenen Maßstäben bewertet werden sollen. Es ist sogar möglich, den Ausgleich des Zugewinns unter Bedingungen oder unter Zeitbestimmungen zu stellen. So könnte verabredet werden, daß der Zugewinnausgleich im Falle der Ehescheidung schlechthin oder für den allein oder überwiegend für schuldig erklärten Ehegatten ausgeschlossen wird, daß er erst nach zehnjähriger Ehe erfolgen soll oder daß, wenn der ausgleichsberechtigte Ehegatte ein seine Altersversorgung sicherndes Vermögen hat oder sein Unterhalt sonstwie gesichert ist, der Zugewinnausgleich entfällt. Dabei muß man sich aber darüber klar sein, daß der völlige Ausschluß des Zugewinnausgleichs auch die Vergrößerung des gesetzlichen Erbteils des überlebenden Ehegatten beseitigt, der zeitweilige Ausschluß also immerhin die Erbteilsvergrößerung für die vereinbarte Zeitdauer.

Die Möglichkeiten der Korrektur des neuen gesetzlichen Güterstandes dürften nicht ohne Bedeutung sein. Einmal kommt es auch dann, wenn einer der beiden Ehegatten ein größeres, über das Leitbild des Gesetzgebers hinausragendes Vermögen hat, immer noch darauf an, wenigstens einen Teil dessen, was der gesetzlichen Regelung entspricht, bestehen zu lassen. Zum anderen dürften gerade bei großem Vermögen auch erbschaftssteuerliche Erwägungen es nahelegen, den neuen gesetzlichen Güterstand wenigstens modifiziert bestehen zu lassen. Der Bundestag hat nämlich in seiner Sitzung vom 3. Mai 1957 einstimmig beschlossen, die Bundesregierung zu ersuchen, einen Gesetzentwurf vorzulegen, der klarstellt, daß die Ansprüche, die einem Ehegatten auf Grund der Neuregelung des ehelichen Güterrechts bei der Auflösung der Ehe durch Tod, Scheidung oder aus sonstigen Gründen zustehen, von der Erbschafts- und Schenkungssteuer freigestellt sind und es besteht die Aussicht, daß auch der zusätzliche Einviertelerbteil des überlebenden Ehegatten von der Erbschaftssteuer freigestellt wird.

Nunmehr liegt der Entwurf eines Gesetzes zur Änderung des Erbschaftssteuergesetzes dem Bundestag vor (BTDrucksache 598)[132a]. Hiernach soll hinter § 5 ErbStG als § 5 a folgende Vorschrift eingefügt werden:

[132a] Der Bundestag hat das Gesetz in seiner 62. Sitzung am 19. Februar 1959 verabschiedet. Mit der Verkündung ist in Kürze zu rechnen.

§ 5a Zugewinngemeinschaft

(1) Wird der Güterstand der Zugewinngemeinschaft (§ 1363 des Bürgerlichen Gesetzbuches) durch den Tod eines Ehegatten beendet und der Zugewinn nicht nach § 1371 Abs. 2 des Bürgerlichen Gesetzbuchs ausgeglichen, so gilt beim überlebenden Ehegatten der vierte Teil des Betrages, der ihm, wenn er Alleinerbe wäre, ohne Berücksichtigung von Vermächtnissen, Auflagen und Pflichtteilsansprüchen als steuerpflichtiger Erbanfall zufallen würde, nicht als Erwerb im Sinne des § 2. Bei der Berechnung dieses Betrages ist der Freibetrag nach § 17a oder § 17b nicht abzusetzen.

(2) Wird der Güterstand der Zugewinngemeinschaft in anderer Weise als durch den Tod eines Ehegatten beendet oder wird der Zugewinn nach § 1371 Abs. 2 des Bürgerlichen Gesetzbuches ausgeglichen, so gehört die Ausgleichsforderung (§ 1378 des Bürgerlichen Gesetzbuches) nicht zum Erwerb im Sinne der §§ 2 und 3. Hat der Ehegatte vor Beendigung des Güterstandes der Zugewinngemeinschaft unentgeltliche Zuwendungen von dem anderen Ehegatten erhalten, so ist die hierfür entrichtete Steuer insoweit zu erstatten, als diese unentgeltlichen Zuwendungen auf die Ausgleichsforderung angerechnet werden (§ 1380 Abs. 1 des Bürgerlichen Gesetzbuches)."

Nach Absatz 1 ist der Erbanfall an einen Ehegatten, der mit dem verstorbenen Ehepartner zur Zeit seines Todes in der Zugewinngemeinschaft lebte, bis zu einem Viertel des nach den Vorschriften des Erbschaftssteuergesetzes ermittelten Wertes des reinen Nachlasses steuerfrei, und zwar des Nachlasses, bei dem Vermächtnisse, Auflagen und Pflichtteilsansprüche nicht berücksichtigt sind. Außerdem steht dem Ehegatten der Freibetrag nach § 17 a oder § 17 b zu, also 250 000,— DM bei bekindeter Ehe, 30 000,— DM in anderen Fällen. Hat der verstorbene Ehegatte z. B. ein Vermögen von 2 000 000,— DM hinterlassen und fällt die Hälfte dem überlebenden Ehegatten zu, so sind bei bekindeter Ehe 750 000,— DM, sonst 530 000,— DM steuerfrei, unabhängig davon, ob ein Zugewinn erzielt worden ist oder nicht, zweifellos ein Vorteil, der sich ausschließlich aus der Erhöhung des gesetzlichen Erbteils um ein Viertel des Nachlasses ergibt. In unserem Beispiel beträgt die Steuerersparnis im ersten Falle 48 750,— DM, im zweiten 59 250,— DM.

Da erfahrungsgemäß die Beteiligten darauf erpicht sind, selbst kleine steuerliche Vorteile wahrzunehmen, muß damit gerechnet werden, daß die Zugewinngemeinschaft an Attraktion gewinnen wird. Wenn man mit relevantem Vermögen rechnen muß, wird kein Rechtsberater es wagen können, von der Zugewinngemeinschaft nur deshalb abzuraten, weil bei ihr unter Umständen mit Komplikationen gerechnet werden muß. Einen solchen Rat wird man erst geben können, wenn sich herausstellt, daß eine der Giftzähne beraubte, d. h. eine den besonderen Verhältnissen angepaßte Zugewinngemeinschaft nicht in Betracht kommt. Kommt sie in Frage, so muß das Ziel der Bemühungen eine ehevertragliche Regelung sein, die die steuerlichen Vorteile wenigstens bei der Eheauflösung durch den Tod wahrt.

Hier dürfte es unschädlich sein, den Zugewinnausgleich für den Fall der Eheauflösung durch Richterspruch auszuschließen oder sehr stark, z. B. durch Herabsetzung der Ausgleichsquote oder die Vereinbarung eines Höchstbetrages zu beschränken. Geschieht dies, so wird der schlimmsten Auswirkung der Zugewinngemeinschaft bereits weitgehend Rechnung getragen. Unschädlich ist auch die Beseitigung der in den §§ 1365 und 1369 BGB n. F. enthaltenen Verfügungsbeschränkungen. Im übrigen wird es darauf ankommen, das aus § 1371 Abs. 1 BGB n. F. sich ergebende gesetzliche Erbrecht des überlebenden Ehegatten an sich unangetastet zu lassen, dem erstversterbenden Ehegatten aber eine größere wirtschaftliche Testierfreiheit, als das Gesetz ihm läßt, zu verschaffen.

Als Mittel hierzu bieten sich wiederum an die ehevertragliche Herabsetzung der Zugewinnausgleichsquote, unter Umständen in Verbindung mit der Vereinbarung eines Höchstbetrages und der völlige oder teilweise Verzicht auf den Pflichtteil, der ja das gesetzliche Erbrecht unangetastet läßt. Besteht etwa das Vermögen eines Ehegatten zu drei Viertel aus ausgleichspflichtigen Zugewinn, so müßte die Ausgleichsquote auf ein Fünftel des Zugewinns vereinbart werden, um ohne Pflichtteilsverzicht die wirtschaftliche Testierfreiheit in bezug auf drei Viertel des Vermögens zu erreichen (Zugewinnausgleich $^{3}/_{20}$ oder $^{24}/_{160}$, Pflichtteil $^{17}/_{160}$, beide zusammen $^{41}/_{160}$ des Vermögens). Macht der ausgleichspflichtige Zugewinn zwei Drittel des Vermögens aus, so könnte die Herabsetzung der Ausgleichsquote auf ein Viertel des Zugewinns ausreichen (Zugewinnausgleich $^{1}/_{6}$ oder $^{8}/_{48}$, Pflichtteil $^{5}/_{48}$, beide zusammen $^{13}/_{48}$ des Vermögens). Das gleiche Ergebnis wird durch Herabsetzung der Ausgleichsquote auf ein Drittel des Zugewinns erzielt, wenn dieser gleich der Hälfte des Vermögens ist. Wird andererseits von der Herabsetzung der Ausgleichsquote abgesehen, stattdessen auf den Pflichtteil verzichtet, so könnte der Zugewinn die Hälfte des Vermögens ausmachen, ohne daß die Testierfreiheit in bezug auf drei Viertel des Vermögens beeinträchtigt wäre. Da der Pflichtteilsverzicht den Nachlaß unabhängig davon erfaßt, ob das Vermögen Zugewinn enthält, also auch dann, wenn überhaupt kein Zugewinn vorhanden ist, sich auswirkt, dürfte er als Mittel zur Beseitigung von Bindungen eines Ehegatten nur zur Herbeiführung einer Testierfreiheit, die mehr als $^{3}/_{4}$ des Vermögens erfaßt, alsdann aber wiederum in Verbindung mit der Herabsetzung der Zugewinnausgleichsquote, in Betracht kommen. Diese Beispiele zeigen, welch großen

Spielraum die Phantasie bei der neuen Güterrechtsregelung hat. Jedenfalls ist es möglich, durch Ehevertrag und Verfügung von Todes wegen besonderen Lagen Rechnung zu tragen, ohne daß man gezwungen wäre, die Zugewinngemeinschaft völlig abzulehnen. Den Rechtsberatern ist hier eine besondere Aufgabe gestellt, deren Erfüllung sie sich nicht entziehen sollten.

## Diskussion

### *Ministerialrat Willy Classen*

Herr Professor Knur hat zutreffend zwei Gedanken in den Vordergrund gestellt: erstens die Ehe als eine aleatorische Beziehung zweier Menschen zueinander, die zum Glück wie zum Unglück ausschlagen kann, wobei die Auswirkungen *wirtschaftlicher* Art nicht im Vordergrund des Interesses stehen sollten; zweitens war es das Problem der exzentrisch gelagerten Fälle, hier darf der Gesetzgeber das Grundrecht der freien Persönlichkeitsentfaltung nicht abwürgen, sondern er muß den Ehegatten hinreichend Raum lassen, die vermögensrechtliche Seite der Ehe in eigener Verantwortung zu ordnen.

Nun glauben Sie, Herr Professor, daß die Statistiken für die Städte Köln und Bonn schon etwas über das Echo des neuen Gesetzes im Volk besagen. Sie unterscheiden mit Recht die Altehen und die neu geschlossenen Ehen. Bei letzteren kann man die Zugewinngemeinschaft nur durch förmlichen Ehevertrag verhindern, bei Altehen dagegen konnte jeder Ehegatte bis zum 30. 6. 1958 einseitig erklären, daß es bei der Gütertrennung bleiben solle.

Bei den *neu geschlossenen Ehen* wurde nur in 4 ‰ der Fälle – also bei jeder 250. Ehe – die Zugewinngemeinschaft abgelehnt: Durchaus verständlich, denn bei jungen Ehen stehen die Flitterwochen mehr im Vordergrund des Interesses als der Güterstand. Bei den *Altehen* nannten Sie rund 2 % Gütertrennungserklärungen. Das scheint wenig, ist aber m. E. recht viel. Bedenken Sie erstens die allgemeine Rechtsunkenntnis in unserem Volk, zweitens den Hang zur Bequemlichkeit, drittens die Scheu vor Gerichten und Behörden, viertens die Kostenfrage bei der Gütertrennungserklärung und schließlich fünftens, aber keineswegs an letzter Stelle, die allgemeine Scheu unter Ehegatten, auf eine Gütertrennung hinzusteuern. Das sieht nach Mißtrauen aus und könnte vielleicht sogar dahin verstanden werden, daß man dem anderen Teil nicht die zusätzliche Viertelquote am Nachlaß will zukommen lassen, die bei Auflösung der Zugewinngemeinschaft entfällt. Ich selber habe einzig aus diesem Grunde die Zugewinngemeinschaft über mich ergehen lassen. Wenn trotz all dieser Hemmnisse gleichwohl in rund 2 % der Altehen die Gütertrennungserklärung abgegeben wurde, so schlägt diese Zahl schon zu Buch und verrät einige Skepsis gegenüber dem neuen gesetzlichen Güterstand der Zugewinngemeinschaft.

Was freilich *die Motive* für die Ablehnung der Zugewinngemeinschaft betrifft, so steht nach meinen Erfahrungen das Problem des Zugewinnausgleichs, also auch die Frage der Erbquote des überlebenden Teiles, ganz an letzter Stelle. Weitaus dominierend ist der Wunsch, während bestehender Ehe frei zu sein in der Verfügungsbefugnis über das eigene Hab und Gut, also nicht beim Verkauf jedes alten Möbelstücks den anderen Ehegatten fragen zu müssen. Die Gütertrennungserklärungen wurden deshalb auch ganz überwiegend von vermögenden und wirtschaftlich mehr versierten Kreisen abgegeben, nicht zuletzt auf Wunsch der Banken hin, in deren Augen die Zugewinngemeinschaft eine Erschwerung und Gefährdung des Geschäftsverkehrs bedeutet.

Dieser wenig schöne § 1369, der für Verfügung über Gegenstände des ehelichen Haushalts das Zustimmungserfordernis des anderen Teiles aufstellt, war bekanntlich eine Konzession für die Preisgabe der viel empfohlenen aber doch so überaus komplizierten Errungenschaftsgemeinschaft, die sich anfangs als Lösung aufgedrängt hatte. Wenn man aber schon solche starke Bindungen bei dem neuen § 1369 BGB für den neuen gesetzlichen Güterstand vorsah, so nimmt es doppelt wunder, daß der moderne Gesetzgeber gegenüber den Altehen weniger rücksichtsvoll verfahren ist als der Gesetzgeber der Jahrhundertwende. Damals wurden für die Altehen selbst ganz antiquierte Güterstände beibehalten, die man für die Zukunft nicht einmal als vertragsmäßige Güterstände schluckte. Gewiß: Damals um die Jahrhundertwende war die Ehe wirtschaftlich schon fundiert, wenn sie geschlossen wurde, und die Eltern der Brautleute sprachen hierbei entscheidend mit; heute wird das Familiengut überwiegend erst während der Ehe zusammengespart. Die Einstellung von damals bezeichnet man gern als patriarchalisch. Die heutige Einstellung nennt sich fortschrittlich. Vielleicht hätte man doch besser daran getan, Altehen grundsätzlich nicht anzutasten, sie also grundsätzlich im Güterstand der Gütertrennung zu belassen, es sei denn, daß beide Partner übereinstimmend irgendwie den Wunsch äußerten, in die Zugewinngemeinschaft herüberzurutschen. Die vom Gesetzgeber stattdessen gewählte Lösung ist reichlich perfektionistisch, da sie für Altehen wie für neue Ehen erkennbar den neuen Güterstand der Zugewinngemeinschaft anstrebt. Diese kollektive

Überführung in einen neuen nicht bewährten Güterstand hat jedoch – das wird niemand bestreiten – viel Unruhe und Ärger bei den Altehen ausgelöst. Ich glaube deshalb, daß der Satz von 2 % Gütertrennungserklärungen keineswegs den Gegenschluß gestattet, als ob 98 % der Altehen den neuen gesetzlichen Güterstand gebilligt hätten. Ganz im Gegenteil bin ich der Auffassung, daß bei grundsätzlicher Beibehaltung der Gütertrennung und Optionsmöglichkeit für die Zugewinngemeinschaft die Option für die Zugewinngemeinschaft bei den Altehen verschwindend gering gewesen wäre.

### *Professor Dr. phil. Joseph Höffner*

Herr Professor Dr. Knur hat mit Recht bemerkt, daß der Gesetzgeber bei der Schaffung des neuen Familiengüterrechts den in den letzten 60 Jahren eingetretenen Wandel der gesellschaftlichen und wirtschaftlichen Verhältnisse berücksichtigen und den „typischen Fall" regeln wollte. Heute stehen in der Bundesrepublik den 3,2 Millionen selbständig Erwerbstätigen (wozu noch etwa 3 Millionen „mithelfende Familienangehörige" kommen) nicht weniger als 19,7 Millionen unselbständig Erwerbstätige gegenüber. Da sich das Eigentum der unselbständig Erwerbstätigen in den meisten Fällen auf Hausrat, Möbel und dergleichen beschränkt, dürfte sich die neue Regelung hier ohne Schwierigkeiten durchführen lassen. Anders ist es in gewissen Kreisen der Selbständigen; hier werden mehr als bisher vor der Eheschließung Sonderabmachungen nötig sein.

Sollte allerdings in den nächsten Jahren und Jahrzehnten das gesellschafts- und wirtschaftspolitisch bedeutsame Ziel der „Vermögensbildung in Arbeitnehmerhand" – gemeint ist vor allem das Eigenheim und die Beteiligung an der volkswirtschaftlichen Kapitalbildung – in breitem Ausmaß erreicht werden, so würde der Gesetzgeber vor der Aufgabe stehen, das Familiengüterrecht wiederum den neuen Verhältnissen anzupassen.

### *Professor Dr. jur. Hermann Conrad*

So viel ich verstanden habe, hat Heinrich Lange unter der Großfamilie die Verwandtschaft verstanden. Verwandtschaft ist aber eigentlich Ersatz für die Großfamilie, wie sie von der Rechtsgeschichte verstanden wird. Die Großfamilie, die ursprünglich bei den indogermanischen Völkern allgemein bestanden hat, hat sich später in die Kleinfamilie aufgelöst. Der Rest der Großfamilie ist die Verwandtschaft im modernen Sinn.

Zur Zugewinngemeinschaft möchte ich folgendes sagen: Dem Gedanken der Zugewinngemeinschaft liegt folgender typische Fall zugrunde: Ein junges Metzgerehepaar hat ein Geschäft gegründet, in dem beide 20 oder 25 Jahre fleißig arbeiten; denn in der Metzgerei ist die Frau fast ebenso wichtig wie der Mann. Schließlich steht ein Haus da und sonstige Vermögenswerte sind vorhanden. Dann geht der Ehemann Nebenwege und schließlich läßt er sich scheiden, um ein junges Mädchen zu heiraten.

Die schuldlos geschiedene Frau hat zunächst nur einen Unterhaltsanspruch. Wenn sich aber der Mann wieder verheiratet, wird auch dieser Unterhaltsanspruch problematisch. Es kann sein, daß sie nichts mehr bekommt; denn das Haus und die übrigen Vermögenswerte gehören dem Mann. Ihre langjährige Mitarbeit im Geschäft ist eigentlich für sie erfolglos. Hier greift man nun auf den Gedanken der Zugewinngemeinschaft zurück, um Unbilligkeiten auszuräumen. Es ist aber klar, daß man mit einem gesetzlichen Güterstand nicht alle Fälle richtig regeln kann. Bei Ehen, in denen von vornherein ein größeres Vermögen auf der einen oder anderen Seite vorhanden ist, paßt die Zugewinngemeinschaft wohl überhaupt nicht.

### *Professor Dr. jur. Gerhard Kegel*

Herr Knur, Sie haben einen eindrucksvollen Vortrag gehalten. In Wirklichkeit waren es fast zwei Vorträge, indem Sie – ich möchte sagen – zunächst die rechtspolitische Seite betont haben; dann sind Sie zu den einzelnen Fragen des neuen Güterstandes übergegangen. Natürlich hat es nicht viel Sinn, in eine Grundsatzerörterung einzutreten. Ich würde meinen, daß man dem, was Sie gesagt haben, im großen und ganzen zustimmen muß, vor allem, weil es sehr abgewogen war – auch nach der praktischen Seite hin. Ich glaube aber, nach einigen Richtungen bleiben Bedenken, ob es dem Gesetzgeber gelungen ist, das Ei des Kolumbus auf den Tisch des Hauses zu befördern; denn es fragt sich – was immer sehr schwer auszumachen ist –, in welchen Fällen sich der Unterschied zu anderen gesetzlichen Güterständen eigentlich praktisch auswirkt.

Wenn man den großen Teil der Ehen nimmt – Sie können jeden Güterstand nehmen, das spielt gar keine Rolle –, so kann man feststellen, daß die Leute sich nicht um ihre Rechte kümmern; das wickelt sich nach ihrer Meinung von selbst ab. Deshalb kann man aus Zahlen, wieviel Leute welchen Güterstand beantragt haben, nicht allzu viel entnehmen. Immerhin würde ich meinen, Herr Claassen, wenn Sie der Ansicht sind, die 2% seien bedenklich, daß man in der Tat stutzig wird, wenn man das Trägheitsmoment einkalkuliert.

Man hat für das Ausland Untersuchungen angestellt, etwa wie weit in der Türkei das europäische Recht, das sie eingeführt hat, in der Praxis des Rechts tatsächlich durchgedrungen ist. Dasselbe gilt für Indien, wo weitgehend englisches Recht eingeführt ist, und auch für Japan. Solche Untersuchungen sind ungemein schwierig. In Amerika hat eine Foundation viel Geld gegeben für Untersuchungen über die Mentalität der Jury-Mitglieder. Was geht in deren Köpfen hervor, wenn sie zu dem Verdikt „Guilty" oder „Not guilty" gelangen? Ein prominenter amerikanischer Jurist hat dafür gesprächsweise die passende Formel gebracht: „Ich glaube, am Ende dieser Untersuchungen, wenn das ganze Geld ausgegeben ist, wird man finden: in den Köpfen der Jury geht nichts anderes vor als in den Köpfen aller anderen Menschen auch."

Es wird bei einer Regelung des gesetzlichen Güterstands immer schwer zu beurteilen sein, welche Fälle sich als wichtig aufdrängen. Insofern muß man der Kritik Rechnung tragen, und es ist Aufgabe des Gesetzgebers, sie zu berücksichtigen. Ich bezweifle, ob nicht doch eine gewisse Staffelung z. B. für den Fall möglich wäre, daß starke Vermögensunterschiede bestehen. Die Verweisung auf die Vertragsfreiheit ist einigermaßen bequem. Das Gesetz muß bestrebt sein, eine Lösung zu finden, die vertragliche Güterstände nach Möglichkeit überflüssig macht. Ob nicht mehr hätte getan werden können, ist unsicher; das hier zu erörtern, würde zu weit führen.

Eine zweite Frage, die zweifelhaft ist, ist die, ob nicht ein sauberer Schnitt hätte gemacht werden sollen zwischen Auflösung der Ehe durch Scheidung und Auflösung der Ehe durch Tod. Gegenwärtig gibt es in § 1371 BGB den Übergang von der Erbrechts- zur Güterrechtslösung, die alle Möglichkeiten des Zugewinnausgleichs ausschöpft. Der Streit geht darum, ob nach § 1371 auch der umgekehrte Weg offen steht. Ich glaube, daß das Gesetz so verstanden werden muß, wie es die Ministerialreferenten verstehen, daß der Weg vom Güterrecht ins Erbrecht also verbaut ist und daß man anders nur mit gewissem Zwang entscheiden kann.

Wenn man eine saubere Trennung durchgeführt hätte, dann hätte sich für den Fall, daß die Ehe durch Tod aufgelöst wird, die Stellung des überlebenden Gatten rein erbrechtlich regeln lassen. Hier hätte man vielleicht vom englischen Recht etwas lernen können. Bevor die Engländer im Jahre 1925 ein neues Gesetz über die Intestaterbfolge erließen, hatten sie statistisch ermitteln lassen, wie in den letztwilligen Verfügungen üblicherweise für die Sicherstellung der Witwe gesorgt wird. Auf Grund dieses Ergebnisses wurde im Gesetz angeordnet, daß der überlebende Ehegatte neben der persönlichen Habe des Erblassers 1000 £ vorweg erhalten solle und außerdem den Nießbrauch (Begünstigung durch Trust) am halben oder ganzen Nachlaßrest, je nachdem, ob der Verstorbene Abkömmlinge hat oder nicht. Der Geldbetrag ist im Jahre 1952 auf 5000 £ erhöht worden, wiederum abhängig davon, ob der Verstorbene Abkömmlinge hinterläßt oder nicht.

Das englische Recht gewährt dem überlebenden Ehegatten zwar keinen festen Pflichtteil; es schützt ihn aber auf eine andere recht wirksame Weise: durch den Inheritance (Family Provision) Act hat der englische Gesetzgeber im Jahre 1938 die Gerichte ermächtigt, dem überlebenden Ehegatten (allerdings auch gewissen Abkömmlingen) auf Antrag eine aus den Einkünften des Nachlasses zu zahlende angemessene Leibrente bis zur Wiederverheiratung zuzusprechen, falls der Erblasser den Ehegatten nicht in angemessenem Umfange bedacht hat. Seit 1952 darf die Höhe der gewährten Rente die Einkünfte aufzehren. Bei Nachlässen mit einem Wert bis zu 5000 £ per Saldo kann das Gericht dem Gatten auch diese Kapitalabfindung bis zu dieser Höhe zuerkennen.

Was die Erörterungen zu § 1365, der subjektiven Theorie, und § 419 betrifft, so meine ich, daß auch § 311 herangezogen werden muß; er trifft trotz anderer Interessenlage viel besser als § 419 – wenn man von § 1444 alter Fassung absieht, der den Mutterboden gebildet hat. Man muß für § 1365 der subjektiven Theorie folgen, falls man überhaupt praktisch brauchbar entscheiden will.

Im ganzen habe ich das Gefühl – und sicher werden Sie, Herr Knur, das viel stärker haben als ich, der ich mit der Praxis nicht so intensiv in Berührung bin wie Sie –, daß die Neuregelung einen guten Anfang darstellt und sich die Eierschalen mit der Zeit verlieren werden. Jedenfalls habe ich sehr viel aus Ihrem Vortrag gelernt, und ich darf mich bei Ihnen bedanken.

### *Prälat Professor D. Dr. Georg Schreiber*

Zunächst möchte ich zu den Äußerungen von Herrn Conrad etwas sagen. Sie haben mit Recht darauf hingewiesen, daß der Sprachgebrauch hinsichtlich der Großfamilie sehr sorgfältig nachgeprüft werden muß, da Siedlung und Sippe durch die Großfamilie stark ausgeweitet werden.

Etwas anderes: Wir haben eine Renaissance der Großfamilie im *Presbyterianertum* zu verzeichnen. Da war sie existent. Sie setzte im 16./17. Jahrhundert ein. Sie wurde in Sippe und Siedlung lebendig. In den USA hören Sie von Presbyterianern und Dissenters, die westwärts in die Prärie wanderten; sie trugen gern alttestamentliche Vornamen. Damit vollzog sich eine Belebung des Familiären und eine Ausweitung zur Großfamilie. Es ist notwendig, dieses Wiedererstehen des Alttestamentlichen noch vergleichend für den reformierten Raum näher zu erforschen. Allerdings liegen schon einige Dissertationen vor. So will beachtet sein die schweizerische Studie von Willy *Richard*, Untersuchungen zur Genesis der reformierten Kirchenterminologie der Westschweiz und Frankreichs mit besonderer Berücksichtigung der Namengebung (1956).

Zum zweiten: Es war hochinteressant, daß *Ministerialräte* heute in die Diskussion eingeführt wurden. Man soll ihre Mitwirkung nicht geringschätzig abtun. Ich habe bei dem Gesetzeswerk der Weimarer Zeit, besonders bei der Reichshaushaltsordnung, mitgearbeitet. Da konnte man immer wieder feststellen, ihre Mitwirkung war einfach nicht zu entbehren. Sie führten viele Erfahrungen und Traditionen mit sich. Es sind Köpfe dabei, die individuell geschnittene Porträts sind. Man darf sie nicht als Société anonyme ansprechen. Wir wollen keine Front gegen sie aufbauen. Sie waren in der Legislative durchaus unentbehrlich, auch wenn sie hier und da am Grünen Tisch sitzen müssen.

Es wurde vom *englischen Pfund* gesprochen. Wenn davon die Rede ist, bin ich immer neugierig. Ist es Ihnen möglich, Herr Kegel, eine Arbeit über das Pfund in der englischen Rechtsgeschichte zu veranlassen? Ich weiß, daß Sie aufnahmefreudig sind und immer neue Anregungen annehmen. Zu Anfang des 19. Jahrhunderts wurde in England ein Mädchen, also eine Hausangestellte, die für sechs Pfund gestohlen hatte, aufgehängt. Hart und grausam. Das waren Starrheiten der Überlieferung, die es verdienen, daß man diesen einmal nachgeht, weil sich hier auch Unterschiede in den Charakteren der Völker abzeichnen.

### *Professor Dr. jur. Alexander Knur*

Zu den für mich wertvollen Diskussionsbeiträgen möchte ich mir nur einige Bemerkungen erlauben.

Die Meinung des Herrn Ministerialrats Dr. Claassen, die von mir gemachten Angaben über die Zahl der bei den Amtsgerichten Köln und Bonn eingegangenen Erklärungen nach Art. 8 Ziff. 3 Abs. 2 GleichberG seien bemerkenswert, d. h. wohl auffällig hoch, vermag ich nicht zu teilen. Man muß immerhin bedenken, daß in den beiden letzten Monaten vor dem Inkrafttreten des Gleichberechtigungsgesetzes eine sehr lebhafte Propaganda gegen die Zugewinngemeinschaft und für die Abgabe der Erklärung über die Beibehaltung der Gütertrennung entfaltet worden ist, die in einer nicht unbeachtlichen Zahl von Fällen nicht nur den Gang zum Notar oder Gericht sehr erleichtert, sondern sogar Ehemänner und Ehefrauen dazu gebracht hat, die Zugewinngemeinschaft abzulehnen, obwohl es unerheblich war, in welchem Güterstand sie leben. Von den 3226 dem Amtsgericht in Köln eingereichten Erklärungen entfallen rund 120 auf die Zeit vom 21. Juni 1957 bis Anfang Mai 1958, also über 3100 auf die beiden letzten Monate vor dem Inkrafttreten des Gesetzes.

Die Beobachtung des Herrn Dr. Classen über die Beweggründe zur Abgabe der Erklärung nach Artikel 8 kann ich nur bestätigen. Nur selten spielte die Erbrechtsverstärkung eine Rolle, meistens waren es die Verfügungsbeschränkungen und die Sorgen um die Folgen einer Ehescheidung, die den Ausschlag gaben.

Was nun die Verfügungsbeschränkungen der §§ 1365, 1369 BGB anbetrifft, so unterstreichen die von Herrn Zelz mitgeteilten Beobachtungen im Bankverkehr die großen Schwierigkeiten, mit denen die Praxis zu rechnen hat. Allerdings dürften sie im Bankverkehr geringer sein als z. B. im Grundstücksverkehr. Wer ein Bankguthaben unterhält, hat nach der Lebenserfahrung durchweg mehr Vermögen als gerade das Bankguthaben. Das gilt vor allem für den Kaufmann. Bei ihm stellt das Bankguthaben sicher nur einen Teil, vor allem nicht den wesentlichen Teil seines Geschäftsvermögens dar. Bei ihm werden die Vermögensdispositionen erst problematisch, wenn es sich um die Verfügung über das Geschäft im ganzen, sei es auch nur im Rahmen der Einbringung des Geschäfts in eine Gesellschaft oder der Veränderung der Unternehmensform handelt. Dagegen ist der Grundstücksverkehr durch § 1365 BGB viel stärker belastet. Dies zeigt sich u. a. darin, daß die Grundbuchämter, wenn ihnen nicht überzeugend dargetan wird, daß ein Grundstück, über das verfügt werden soll, nicht das einzige oder wesentliche Vermögensstück darstellt, die Zustimmung des Ehepartners oder den Nachweis der Unanwendbarkeit des § 1365, etwa weil der Verfügende nicht verheiratet ist oder in Gütertrennung lebt, verlangen.

Im Verlauf der Diskussion ist verschiedentlich die von Heinrich Lange vorgenommene Gliederung der Familie in die Groß- und Kleinfamilie beanstandet worden, m. E. aber nicht zu Recht. Bei der Familie handelt es sich um eine Gemeinschaftsform, die das Leben vielgestaltig durchsetzt. Da bleibt es halt nicht aus, daß die Begriffsbestimmung nicht einheitlich ist. Davon ist die moderne Gesellschaftslehre nicht ausgenommen. Hier haben wir es nun mit *Rechts*beziehungen zu tun und müssen dabei berücksichtigen, daß das geltende Recht eine einheitliche Begriffsbestimmung vermissen läßt und sich mit der Regelung von Einzelbeziehungen, die sich aus dem Zusammenleben in einer als Familie in Betracht kommenden Gemeinschaft ergeben, begnügt. Hierbei findet sich bald eine Beschränkung auf den Kreis der nächsten oder nahen Blutsverwandten, bald auch eine Ausdehnung auf Verschwägerte und sogar sonstige „nahe Angehörige". In der Rechtslehre besteht aber immerhin Einigkeit darüber, daß unter der Familie der Kreis der durch Ehe, Verwandtschaft oder Schwägerschaft verbundenen Personen zu verstehen ist. Das führt mehr oder weniger zwangsläufig dazu, der Familie im weiteren Sinne die nur aus Eltern und Kindern bestehende Familie gegenüberzustellen und entsprechend dem Sprachgebrauch die Kleinfamilie von der Großfamilie zu unterscheiden. Herrn Kollegen Conrad möchte ich beipflichten, wenn er meint, Heinrich Lange verstehe unter letzterer die Verwandten.

Herr Kollege Kegel meint, der Gesetzgeber hätte besser daran getan, die Fälle der Eheauflösung durch Richterspruch und der Eheauflösung durch den Tod völlig verschieden zu regeln, d. h. im letzteren Fall zu einer ausschließlich erbrechtlichen Lösung zu gelangen. Dieser Auffassung zuzustimmen, fällt mir nicht schwer. Sie deckt sich weitgehend mit der These, die ich auf dem Deutschen Notartag des Jahres 1952 vertreten hatte. Nachdem jedoch der Familienrechtsausschuß des Deutschen Bundestages sich entschlossen hatte, die Zugewinnausgleichsquote, abweichend von dem, was der Regierungsentwurf vorsah, auf die Hälfte des Zugewinnüberschusses festzusetzen, konnte man nicht mehr umhin, auch bei der Eheauflösung durch den Tod die güterrechtliche Lösung mit der erbrechtlichen zu verbinden. Immerhin sehe ich in der Kombination der beiden Lösungen unter Voranstellen der Erbrechtsverstärkung im Vergleich zur reinen güterrechtlichen Lösung das kleinere Übel. In der Praxis wird eigentlich nur die Vergrößerung der gesetzlichen Erbportion des überlebenden Ehegatten eine Rolle spielen. Der Übergang auf den Zugewinnausgleichsanspruch unter Ausschlagung der Erbschaft wird die seltene Ausnahme sein.

## Summary

On principle, the law on the equality of rights leaves it to the spouses to come to an agreement on their proprietary relationship, and it establishes a subsidiary statutory regime only if no marriage settlement has been contracted. Contractual freedom is the sole appropriate basis to lead to adequate handling of property problems in the field of matrimonial property regime; statutory regime without contractual freedom would have to be considered as a strong burden. Thus the task of the legislator consisted in creating a statutory regime which in as many cases as possible does justice to both the requirements of the spouses and to the concepts of value inherent in our legal order. The typical example for the applicability of the statutory regime is a marriage contracted by a young couple, in which no appreciable property exists initially, in which property accrues during the marriage, and in which death, usually that of the husband, dissolves the marriage. If the proprietary situation is such that it requires eo ipso a settlement by special convention, the legislator may leave it to the spouses to arrange the situation with respect to matrimonial property regime by means of a marriage settlement.

Of the systems of statutory regime, from which a choice could be made, neither separation of goods as such nor the various types of community of goods could be taken into consideration. The question was to maintain the separation of goods in principle and yet to let the spouse, who had no or only very little surplus, that is, additional property, acquired during marriage, share in the amount of surplus thus acquired by the other spouse at the time of the dissolution of the marriage. Under the government draft of the law on the equality of rights, the aforementioned surplus was to be divided in every case of dissolution of the marriage; the law, however, differentiates between the event of death and the event of dissolution of the marriage from other reasons. Both settlements do have in common the basic idea that the spouse who exclusively or predominantly has acquired property during marriage shall only retain half of it in the event of a dissolution of marriage, an example which is based on the typical case of a marriage, in which the wife is a housewife exclusively.

The matrimonial regime of surplus community is only on principle a matrimonial regime of surplus equalization. The regime allows the acquisition of a calculable surplus only when the marriage is dissolved in any other way but death; in the case of dissolution by death also when the survivor is neither heir nor legatee; in every other case the legislator tries to carry out the idea of equalization by remedies of the law on hereditary right, i. e. by increasing the statutory portion by a quarter of the inheritance. The fact that one of the spouses does no longer live, and that the only claimants to the legator's property are the surviving spouse and the relatives of the spouse which died first, results almost certainly in a sort of equalization within the framework of the hereditary right, namely in a procedure which for decades has proved its value. According to the new law, the surviving spouse is not only apportioned that share in the property which he would be able to claim under the procedure of surplus equalization; he is moreover given the position which he deserves in the face of the presently prevailing typical proprietary situation within the family.

Among the provisions of the new law on matrimonial property regime that fail at least partially are those on the obligational transactions with regard to the property as a whole and the disposition on household goods (sections 1365 and 1369), since they impair the safety in the field of legal practices. Much more than hitherto, it will be necessary to consult the other spouse on the sale of an enterprise and on the sale of or encumbrance on real estate, and even in the case of a hereditary settlement, and to have him declare his concurrence with the transaction, solely in order not to delay the performance of a transaction. Disagreeable are furthermore the interpretational difficulties arising from section 1371 paragraph 2 of the civil code in its new version. Here the question is what the second half of the sentence refers to, i. e. whether it is based on the provisions of legal prerequisites or on those of legal effect contained in the first part of the sentence, in other words, whether the surviving spouse can already claim the legal portion calculated on the basis of the legal portion applicable when he is neither heir nor legatee without increase, i. e. the so-called small legal portion, or whether the reduction of his claim to the legal portion also requires that he stakes a claim to the equalization of the surplus acquired during marriage. From the inexact wording of the law a difference of opinion has developed that renders work, particularly that of advisory lawyers more difficult, from which may even result a dangerous legal unsafety.

There are also cases which the law does not fit. In the first place one has to take into consideration in this respect the sole and co-owners of big enterprises, especially when the spouse of this owner does not work in the firm and when an unusually large surplus arises or may arise without his doing his share of work. In such cases the matrimonial regime requires a correction by a marriage settlement. Corrections can be made in a multitude of different ways, not only by stipulating proper separation of goods, but also by modifying the basis of the surplus community. Thus, e. g. the restraints on disposition with regard to the entire property of one of the spouses or with regard to the household goods may be eliminated, the quota with which a spouse will participate in the surplus acquired, during marriage, by the other spouse, can be determined to be smaller than that stipulated by law; furthermore it may be agreed that certain objects or groups of objects will not be included when the initial or the final property is determined, or that the objects of the initial or final property will be valued at a scale different from that stipulated by law. However, the complete preclusion of surplus equalisation also eliminates the increase in the legal portion of the surviving spouse.

## Résumé

La loi sur l'égalité des droits laisse par principe aux époux le soin de se mettre d'accord sur leur situation concernant le régime des biens, et ce n'est qu'au cas où ne serait pas conclu un contrat de mariage qu'elle fixe un régime légal subsidiaire. Seule la liberté de contracter est de nature à entraîner dans le domaine du régime matrimonial des biens des dispositions adéquates; un régime légal privé de la liberté de contracter ne manquerait pas d'être considéré comme une grave vexation. C'est pourquoi la tâche du législateur était de créer un régime légal qui réponde pour un nombre de cas aussi élevé que possible aux besoins des époux et aux notions de valeur de notre ordre juridique. Le cas typique auquel s'applique le régime légal est celui où les époux se sont mariés jeunes, des biens notables n'existant pas initialement mais étant acquis seulement au cours de la vie conjugale, et où la mort, le plus souvent celle de l'époux, vient dissoudre l'union. Si la situation en matière de biens est telle qu'elle nécessite de toute façon un règlement par convention spéciale, le législateur peut laisser aux époux la latitude de régler leur situation légale en matière de biens matrimoniaux par un contrat de mariage.

Parmi les systèmes de régime matrimonial entre lesquels il fallait choisir, n'entraient en ligne de compte ni le régime de la séparation des biens comme tel, ni le régime de la communauté de biens dans ses différentes formes. Il s'agissait, tout en conservant le principe de la séparation de biens des époux, de faire participer, au moment de la dissolution de l'union, celui des conjoints qui n'avait absolument pas réalisé d'acquêts ou qui n'avait réalisé que des acquêts moins importants, aux acquêts de l'autre conjoint. Selon le projet gouvernemental de loi sur l'égalité des droits, la péréquation des acquêts devait s'effectuer dans tous les cas de dissolution de l'union; la loi promulguée établit par contre une distinction entre le cas de décès et les cas de dissolution d'union pour d'autres raisons. Mais les deux modalités de règlement ont en commun l'idée fondamentale que celui des deux époux qui, au cours de la vie conjugale, a été seul à acquérir des biens ou en a acquis la majeure partie, ne doit en conserver que la moitié lorsque l'union est dissoute; cette idée s'inspire du cas typique de l'union dans laquelle l'épouse est restée uniquement une ménagère.

Le régime matrimonial de la communauté réduite aux acquêts n'est qu'en son principe un régime matrimonial de la péréquation des acquêts. Il ne peut aboutit à des acquêts évaluables que lorsque l'union est dissoute pour une autre raison que le décès de l'un des deux conjoints; en cas de décès il peut également y aboutir, même si le survivant n'est ni héritier, ni légataire; pour le reste, il cherche à réaliser l'idée de péréquation à l'aide de moyens du domaine du droit successorial, c'est-à-dire en augmentant la fraction légale d'héritage du quart de la succession. Etant donné que l'un des conjoints n'est plus en vie et que les seuls candidats à ses biens sont le conjoint survivant et les parents du premier décédé, il en résulte presqu'obligatoirement une péréquation dans le cadre du droit successorial, et ceci selon une procédure qui a fait ses preuves depuis des dizaines d'années. Selon le nouveau droit cependant, il ne revient au conjoint survivant pas seulement ce à quoi il pourrait prétendre par exemple par voie de péréquation des acquêts, mais encore il est traité comme il le mérite typiquement eu égard à la situation actuelle des biens existant dans les familles.

Au nombre des dispositions malencontreuses – du moins en partie – du nouveau régime matrimonial, figurent celles ayant trait aux transactions portant sur l'ensemble des biens et qui engagent les époux et celles ayant trait à la disposition des objets de ménage (§§ 1365, 1369), parce qu'elles sont de nature à provoquer des incertitudes dans le commerce juridique. Bien plus qu'auparavant, il sera nécessaire, en cas de cession de commerce, en cas de cession et d'engagement grevant des biens immeubles, voire même en cas de partage de succession convenu par l'un des conjoints, de faire participer l'autre conjoint de lui faire déclarer son assentiment à la conclusion de ces transactions, ne serait-ce que pour ne pas en retarder la réalisation.

Les difficultés d'interprétation que présente le § 1371, alinéa 2 du Code civil fédéral, nouvelle version, sont également fâcheuses. On se demande à quoi se rapporte la deuxième moitié de l'alinéa; sie elle se réfère aux dispositions de conditions légales ou de suites légales de la première moitié de l'alinéa, en d'autres termes, si le conjoint survivant ne peut déjà exiger la « petite part de réserve », c'est-à-dire la part de réserve légitime déterminée d'après la part héréditaire légale non augmentée, s'il n'est ni héritier ni légataire, ou si la réduction à la petite part de réserve de ses droits à part de réserve sous-entend en outre qu'il fait valoir son droit à la péréquation des acquêts. La rédaction imprécise de la loi a soulevé une divergence d'opinions, qui complique sensiblement le travail du juriste-conseil et menace même de créer une dangereuse incertitude jurideque.

Il existe aussi des cas auxquels la loi ne s'applique pas: en premier lieu celui des propriétaires uniques ou des co-propriétaires de grandes entreprises, en particulier lorsque le conjoint ne collabore pas à l'entreprise et lorsque, sans sa participation, les activités de l'entreprise donnent lieu ou peuvent donner lieu à des acquêts d'une importance exceptionnelle. Dans de tels cas, le régime matrimonial nécessite généralement une correction par la conclusion d'un contrat. Des corrections peuvent encore être apportées de différentes manières, non seulement par la convention de la séparation des biens, mais aussi par la modification de la communauté réduite aux acquêts. On peut, par exemple, supprimer les limitations du droit de disposer des biens totaux d'un conjoint et des objets de ménage, on peut fixer au-dessous du minimum prévu par la loi le pourcentage de participation d'un des conjoints aux acquêts de l'autre, on peut aussi convenir que certains objets ou groupes d'objets ne seront pas comptés lors de l'évaluation des biens initiaux et des biens finaux ou encore que les objets des biens initiaux et des biens finaux devront être évalués selon d'autres critières que ceux prévus par la loi. Toutefois, l'exclusion totale de la péréquation des acquêts supprime aussi l'augmentation de la part légale d'héritage du conjoint survivant.

GPSR Compliance

*The European Union's (EU) General Product Safety Regulation (GPSR) is a set of rules that requires consumer products to be safe and our obligations to ensure this.*

*If you have any concerns about our products, you can contact us on ProductSafety@springernature.com*

In case Publisher is established outside the EU, the EU authorized representative is:

Springer Nature Customer Service Center GmbH
Europaplatz 3
69115 Heidelberg, Germany

**Batch number: 10809636**

Printed by Printforce, the Netherlands